# 伯元倚聲・和蘇樂府

陳 新 雄 著

文史哲出版社印行

國家圖書館出版品預行編目資料

伯元倚聲・和蘇樂府 / 陳新雄著 -- 初版 -- 臺北市 :文史哲, 民 88
面 ; 公分.
ISBN 957-549-203-x (平裝)

852.486　　88005393

# 伯元倚聲・和蘇樂府

著者：陳新雄
出版者：文史哲出版社
登記證字號：行政院新聞局版臺業字五三三七號
發行人：彭正雄
發行所：文史哲出版社
印刷者：文史哲出版社
臺北市羅斯福路一段七十二巷四號
郵政劃撥帳號：一六一八〇一七五
電話 886-2-23511028・傳眞 886-2-23965656

實價新臺幣四八〇元

中華民國八十八年五月初版



ISBN 957-549-203-x

# 伯元倚聲

潘重規署

賡古調　彩筆瀉瓊瑤
芳草柳綿情繾綣
江山風月景嬌嬈
結集妙新潮

望江南奉題

伯元學長和蘇樂府集

戊寅六月汪中時寓聖河西

全　家　福

贛州八境臺

廬山西林寺

北京大學

太湖一瞥

長白山

大 理 古 城

金沙江虎跳峽

# 伯元倚聲·和蘇樂府 序

飄零白髮，永懷舊遊，況羈棲於異域，觸萬類以興思，松菊無存，人琴安在？因情生感，緣興拈毫，翹首詞林，古今同慨。此風雅寖聲，奇文鬱起，屈子離騷之所由作也。下迄近世，代有人才，推陳出新，莫不同理。余年九十，閱人多矣。引領近世詞林，德行文學，使予衷心悅服，而無間然者，得一人焉，贛州陳君伯元，即其選也。伯元系出清門，生饒異彩，好學深思，鍥而不舍。其學出瑞安林景伊之門，爲林氏之衣缽弟子，傳餘杭章氏、蘄春黃氏之漢學正宗，上承乾嘉諸子，以接明末顧氏亭林之樸學精神，而直通許叔重、鄭康成之一貫傳統。臺灣之有經學，蓋由林景伊、潘重規、高明三君而起，而林景伊之功獨多，三君皆蘄春黃門弟子也。初始於師大前身之省立師範大學，設立國文研究所，後始改國立臺灣師範大學，而研究所仍之。其間潘赴香港，高就政大，林景伊則始終主持其事。此三君者，皆一時雋彥，又皆與余交深，潘高二君，皆余中大同學及蘄春同門，潘長余兩歲，高長余一歲，在校年級，亦次第之。林君則與余同門及同庚，而少余月分幾一稔，尚有一同，則同嗜香煙與杯中物，或因此而致疾，悔無及矣。三君中今逝其二，碩果僅存者，惟潘先生一人而已，今歲當爲九旬晉三，余於此遙祝期頤，願得重聚也。彼時師大人才濟濟，皆以取得博士學位爲榮，而研究範圍，亦多在經術範圍之中，林景伊君亦竟以此而有博士之父之美名，洵盛事也。

伯元亦於彼時進入師大，專攻經術、文字、訓詁、音韻之學，而以《古音學發微》鉅著爲博士論文，獲授國家文學博士學位，其於古音學造詣之深，超越往跡，且有其獨到之發明與發現，故伯元之於此學，幾可謂出於藍而勝於藍矣。故余謂伯元為景伊之衣缽弟子，景伊生前，亦以此自豪，喜得傳人，對此高徒，愛護備至，嘗云：師不必賢於弟子也。然伯元於此，諱莫如深，而感念師恩，終身不忘，願將所學發揚光大，薪傳不絕，弗失所守，其所以報師恩者，如此而已，此余所深知而敬佩於伯元者也。故自景伊逝世，伯元堅守淡泊，不務虛聲，校內公職，校外官職，從不染指，亦無動於衷。傳經之外，雅好詞章，而以詩詞獨擅勝場，知名國際，何則？蓋文學造詣，首須識字審音，伯元既以音韻名家，信手拈來，莫非雋語，取之不盡，用之不竭，人方欠伸，君猶裕如，安在而有不達之意，難顯之情耶！吾是以知濟濟多士之中，堪稱全才，而足以師承傳薪大業，繼承而不墜者，已定位而無疑矣。

聞之有問於伯元者曰：君所爲《伯元倚聲·和蘇樂府》，其於蘇詞，幾可亂眞，可稱逼似蘇詞矣。伯元謝曰：唯唯否否，吾未嘗刻意摹仿蘇詞也，東坡天才絕倫，曠代無匹，摹擬天才，徒顯拙劣，不幸而落效顰刻鵠之誚，吾不爲也。若夫聲應氣求，不自覺而偶然相似，容或有之，君不見蘇門賓客，所謂四學士者，皆東坡耳鬢廝磨之文侶也，其尤著名者，如秦少游、黃山谷諸子，然皆別開生面，自啓戶牖，在東坡所開拓之領域中，自成一家，而未嘗刻意學蘇也。不然，又安得有蘇黃比肩之美稱哉！曁乎時移勢異，宋室南遷，而有曠世人豪辛稼軒出，稼軒罔襲固常，自成家數，而與東坡聲氣相符，不期而合，觀其所爲〈永遇樂〉之「千古江山」，與東坡〈念奴嬌〉之「大江東去」，幾乎如出一人之手，至是即以「蘇辛」並稱，成爲兩宋之雙璧，詞壇之奇葩，千秋之盛事也，亦非稼軒之所能逆料也。蓋東坡對詞壇之開拓，僅止於以詩行詞，而稼軒更進而以文行詞。至是蘇詞之境界，始大無可大；東坡之精神，則高無可高矣。寧非古今之奇遇哉！吾然後深信伯元聲應氣求，罔襲固常之論，良有以也。今者，《伯元倚聲·和蘇樂府》即將付梓，而堅索不佞爲序，嗟乎！老朽孤陋如余者，安足以叙伯元之巨著哉！惟交深，不敢固辭，無已，謹摭憶往昔曾聞之於伯元者，聊綴數言，以弁其端，是爲序耳。

中華民國八十七年八月十六日華仲麐撰於美西洛市，時年九十。繫以詩曰：滿眼生機轉化鈞。天工人巧各爭新。預支五百年新意，到了千年又覺陳。李杜詩篇萬口傳。至今已覺不新鮮。江山代有人才出，各領風騷數百年。

# 伯元倚聲·和蘇樂府 序

夫學海無涯，貴在淹貫；人間有愛，悟識精微。淹貫則包攬衆長，氣象雄渾；精微則曲盡原委，刻骨銘心。此爲學之道，亦治詞之方也，相輔相成，兼容乃大。詞由學所養，學藉詞流出，文質彬彬，厚植根柢，表裡一致，性靈乃得。世之爲詞人者當如此。或以纖慧弱質，朗吟風月，無關世道，不達人情，雖多亦奚以爲？詞歷經數變，姿態各異。溫柳靡靡之音，本於豔情，或託意閨闈，舍筏登岸，此學者強作解人耳。東坡天人之姿，仕途坎坷，以學治詞，以詩爲詞，而詞境乃大，詞采乃彰，去樂府之附庸，立唐宋之正體，剛柔兼濟，大音鏜鎝，此天下之正聲，學者所宗仰也。

吾師伯元夫子以聲韻訓詁名家，桃李滿園，譽滿上庠，餘力爲詩詞，直抒胸臆，奔放弘肆，尤善於吟唱，一曲清歌，掌聲雷動。高才飽學，襟懷浩渺，退可雄據蓬瀛，進則逐鹿中原耳。己巳初春，夫子講學香江，擬和東坡樂府，排比日課，力邀同作。嗟乎，人事靡常，師友難得，聲氣相通，生涯可寄，遂欣然應諾，步趨佳製。或春秋吉日，載遊郊野，或敦豪宴聚，倚酒抒懷，暢談時局，商討文華，詞札往還，志趣相得，忽忽十年矣，猶迷離彷彿昨日事也。此後或聚或散，或同詠，或分題，各書所懷，各言其志，遲速不同，稟性各異，固不必強求也。

近年兩岸開放，學術交流，行李往來，多經香港。復以出席會議，專題講論，名山大川，聯袂同遊，歌詠日繁，章句疊出。十載相隨，歷遊天下，臺港以外，澳門跬步。庚午初抵廣州、惠州，國門廣廈，情懷忐忑；朝雲廬墓，湖水迷茫。壬申從遊冀魯，恭謁文丞相祠，重修館閣；祭掃劉公島岸，憑悼沉船。癸酉同赴石門，訪背水之遺陣；夜宿大同，仰北獄之雄峰。甲戌休沐，縱橫日本，富士仙心，繽紛煙靄；奈良唐刹，洗淨塵緣。丁丑京九新成，粵贛通貫，源委窮探，章貢分流。乃北登廬山，南行贛縣，陽埠尋根，鬱孤圓夢。伏酒佳釀，貽鄉親之樂聚；廉泉煮茗，識蘇陽之美談。三家聯遊，姚黃隨侍，衣錦還鄉，漪歟盛矣！今夏三代同堂，五校聯轀，孔李雁行，生徒駿奔。丹東父節，糕點飄香；敦化美食，蠶蛹流涎。登長白山，悟天池之妙韻；遊鴨綠江，窺朝鮮之秘幽。涼雨聯床，春風拂面，前塵歷歷，非賴詞其何以紀之耶！

近日伯元夫子以十載功深，依次和蘇，克成全帙，其刻苦堅忍之意，尤足感人也。吾師和作自成一家，詞拈蘇韻，意寫今情，山河涕淚，風雨窗燈，固不必以蘇自限也。其詞殆皆生活實錄，時代心聲。夫讀書養志，旅遊閱歷，師友因緣，家室溫馨，內聖之資，固有可觀焉。而國計民生，社會百態，放言高論，詞中有我，外王之德，則呼之欲出矣。至於繡句錦心，意象嬗聯，音調律韻，抑揚中節，此聲學之秘傳，亦吾師之所獨步者，何煩覶縷，以添蛇足。坤堯學殖久疏，不慣拘檢，追步爲難，稍負前諾，然終始其事，快馬加鞭，期以日月，不敢復失。俟和者五六十首，願吾師寬待焉。茫茫人海，漠漠塵緣，師徒相知，情深父子，學海傳承，文章有價，私情公誼，敢不勉之乎！

弟子黃坤堯謹序。

# 伯元倚聲・和蘇樂府 自序

余於民國七十一年九月，初應香港浸會學院中文系之聘爲高級講師，系中同仁善於詩詞者夥，若何公遯翁、陳君耀南、曾君錦漳、韋君金滿皆其人也。遯翁前輩學者，詩詞名家，且爲余之鄉長，指導後進，不遺餘力。陳、曾二君，各有專業，興之所至，餘力爲之。於詩詞方面，與余最相契者，則韋君金滿是也。余初履是土，韋君即以懷燕廬詩稿相贈，以詩相知，往來酬唱，幾無虛日。其後韋君於詩之外，復挑之以倚聲，余亦依韻和之，一年之中，得稿十二篇，幾月賦一闋，今收於《伯元吟草·香江煙雨集》中，可謂漸入倚聲之門，得按譜以填詞者矣。

民國七十七年余再應浸會學院中文系聘為首席講師，除講授聲韻學外，復兼授專家詩詞，余以眉山蘇長公，挺然大節，群臣無出其右；忠規讜論，後世咸相推崇。器識之閎偉，議論之卓犖，文章之雄俊，政事之精敏。千古以來，一人而已。而其浩然之氣，特立之志，與其特有氣質，皆與生俱來；表表高標，昂首無懼，尤足為後人之楷範者也。且其立身行事，卓識獨行，不僅見之於詩文，更能擴大於詞場。詞至東坡，橫放傑出，曠達豪邁，始洗綺羅香澤之故態，盡覆花間靡麗之舊軌，極情文之變化，開樂府之境界，洵前人之所未有，爲曠古之新創格。以議論馳騁，摭經入子，隱括詩文，詞題繫序，斐然長言，自成體製者，皆長公啓之也。蓋令詞自晏歐以降，其勢已頹，耆卿闡變於聲情，變小令而爲慢聲；坡公肆奇於文字，轉綢繆以成慷慨。是則昔之瑩冰輝露，不著跡象爲尙者，至是泮爲江河，而沛然莫之能禦者矣。故即以蘇詩蘇詞授之，諸生亦樂而受業焉。

今世黌宮之中，其任詩詞講席者，往往專於賞析，而忽於習作。專於賞析則徒知意境聲辭之華美，忽於習作則闇於布局經營之艱難。故余之授諸生以《東坡樂府》也，以爲欲明賞析，則不但宜明其詞義與典故之出處，且應進而探其布局與修辭；而尤其重要者，應輔之以讀史事，庶幾於詞人之襟抱，寫作之背景，皆所曉暢，而於其創作動機，自非矇矓也。賞析亦非專指辭藻，其格律聲響，難以忽略；故授之以吟誦，俾能領悟詞語音節之鏗鏘，抑揚頓挫之佳妙。陸機〈文賦〉嘗言爲文構思情狀曰：「六情底滯，志往神留，兀若枯木，豁若涸流，攬營神以探賾，頓精爽於自求，理翳翳而愈伏，思乙乙其若抽。」若非自行習作，何能體悟營構之際，思緒翳伏，靈感底滯之艱辛；與夫成文之後，流漓濡翰之舒暢，情貌不差之適意耶！

欲令諸生習作，達其情思，曷若以身作則，先垂佳範。丁卯之秋，余再履香港，是時香港回歸在即，人心惶惶，無所適從；加以六四屠殺，血染京城。目睹大變，感慨尤多。是以乃有全和蘇詞之議。黃生坤堯，學有本源，仲師譽謂其「詞筆天成，功深錘鍊，近凊眞白石」者也。聞而奮臂而出，欲賡相和，以相督勉，故此集之成，與有力焉。坤堯非僅有督勉之功，且爲拓展詞境，搜羅詞料，皆預其間。縱遊香港之外，復陪歸故國，發軔於五羊，賡跡於惠州，北京攬勝，太原訪古。登太白山巔，雖未睹乎天池；摩雲南雪嶺，實親抵於虎峽。匡廬煙雨，章貢合流，鬱孤臺下，雖非衣錦；峰山頂上，實觀八境。蘇辛之豪邁，周姜之綿密，師弟深情，借伏酒以舒懷；家園往蹟，擬縱筆以追思。遊子思鄉，情緒千端，其中瑣屑，亦難盡達，胸中鬱積，藉詞以洩。觀黃生所叙，蓋形實象者也。

余塡詞未久，先師林公景伊即歸道山，失我恩師，求正無從。猶憶民國四十八年秋，余自國立臺灣師範大學國文系卒業，先師林公薦之於東吳大學中文系，任聲韻學講席，先師恐余年少氣浮，致失期許。因邀宴同系師儒，以身垂範，協力啓導，俾承先啓後，光耀師門，不墜師學，而仲譽師在座焉。自爾以來，余於先生，即等同弟子，先生於余，亦誨勉有加。余之赴港講學也，先生贈之以詩云：

便有豪情供吐納，可堪愁損不能神。孤軍角藝哀張楚，短筆污塵恥美新。也識谷音知己少，故將雜說藐蒐人。楸枰黑白紛難折，抱我心頭一寸春。

其關懷矜憐，溢乎詞表，沁人心肺，讀之泣涕。余初抵香港，先生即有函相慰云：「足下淵默自守，落落寡合，性眞學實，皆違時尚。屈子云：吁嗟乎！誰知吾之廉貞？感慨愴觸，古今一揆也。弟閱人多矣，聊書所感，以慰遠人。」自景伊師歸道山，先生與余，書翰無缺，時達四、五紙，長篇累幅，字無間隙，輔之導之，誨之勉之，期許之深，尤感仞無既也。每有習作呈閱，先生皆細心閱讀，詳爲批注，而理析微芒，鞭擘入裡。優劣所在，開示綦詳。今歲先生年近九旬，而思慮精密，少壯不及。甫完成大箸《文心雕龍要義申述》，聞余《和蘇樂府》竣事，萬里賜序，慰勉深矣。蓋余自和蘇伊始，稿即呈閱，醞釀經歷，皆所熟知，故能覶縷述來，要言不煩，而期許殷切，尤見深情也。敬謹其身，叩頭伸謝。

停雲思舊，溯自戊午，雨盦主社，戎庵輔之，夢機總綰，余司監察，各有所主，未有少懈，猶如屋有四柱，桌有四足，相協同工，停雲乃續。雖光陰荏苒，瞬滿廿載；而思舊聚會，創作無間。今聞《和蘇》告成，詩友雅懷，各賜題詞，相互激勵。潘師石禪寵錫題簽，沾渥無既，遂令本集，倍增光彩，師友深情，均所銘感。是爲序。

中華民國八十七年十一月十二日陳新雄謹序於臺北和平東路鍥不舍齋

# 題辭

## 望江南

奉題伯元學長和蘇樂府集　汪中

賡古調，彩筆瀉瓊瑤。芳草柳綿情繾綣，江山風月景嬌嬈。結集妙新潮。

## 題伯元教授全和東坡樂府集子

羅尚

全和坡詞蓋世才。滔滔不絕大江來。銅琶鐵板金杯酒，一日高歌一百回。

## 讀伯元教授和蘇樂府三首

張夢機

蘇詞賡詠發宮聲。合譜初填令慢成。看汝分雲招霧手，剪裁新作入琴聲。
規摹蘇軾倚聲中。海雨天風氣並雄。試聽銅琶歌一曲，
驚濤先唱大江東。
雄豪輕倩兩相宜。書帙爲功默運思。他日贛江歸一舸，
故鄉爭唱和蘇詞。

# 伯元倚聲·和蘇樂府 目錄

## 卷四　附錄

**補遺**

# 伯元倚聲・和蘇樂府

贛縣陳新雄伯元學

## 和蘇樂府卷一

（起民國七十七年十一月
至民國八十一年九月止）

### 浪淘沙

重抵沙田用東坡昨日出東城韻

今日到香城。欲訴衷情。冬來寒氣自天傾。極目寒雲籠滿樹，何處尋春。　雖踏舊埃塵。遠望煙村。夕陽猶共憶酸辛。誰料沙田仍似昔，未見豪英。

### 南歌子

遊西貢贈坤堯伉儷用東坡海上乘槎侶韻

腹有詩書氣，詞收日月華。馳車西貢踏黃砂。卻見歸帆片片滿天涯。江海雖爲客，生徒自一家。稚兒活潑語牙牙。道是寧馨驥子實堪誇。

## 附·黃坤堯和作

### 南歌子

西貢和韻奉呈伯元夫子（己巳）

西貢歸來久，勞生誤物華。潮來潮去捲平沙。可恨流年不似水無涯。六載山中住，春歸何處家。綠蕪深處隱檐牙。留得桃花紅雨略相誇。

### 行香子

與善馨坤堯遊船灣潭用東坡一葉舟輕韻

腳步飛輕。宿鳥群驚。登高望遠水波平。潭如古鏡，隄卧長汀。見船灣闊，新娘媚，八仙明。　重巒現瀑，怪石爲屏。在香江也算嚴陵。拋開萬事，忘卻虛名。得友中歡，心中樂，眼中青。

**附・黃坤堯和作**

行香子　八仙嶺遠眺和韻奉呈伯元夫子

風曳舟輕。雲捲濤驚。海天蜃氣莽然平。凌波來去，人在前汀。訪純陽老，仙姑子，悟空明。　四時日月，山水寒屏。儘尋幽、相對高陵。舉杯邀飲，對影忘名。看雨雲碎，煙光淨，翠嵐青。

## 祝英臺近

大樹用東坡掛輕帆韻

鬱盤根，堅勁節，濃陰覆行路。蔽日橫柯，條暢遮船艣。曩時葉葉參雲，森森玉樹。翹首望，今年任處。

多危阻。聞道蟲蠹樵傷，偏逢大風雨。病木凋殘，禽鳥已難據。紛紛舉翼高飛，重尋巢穴，向天問，奈何無語。

## 附・蘇文擢和作

## 祝英臺近

伯元教授寄示祝英臺近詠大樹

用坡公韻棖觸時事次韻繼聲

莽神州，淪鬼域，殊鄉黯前路。入海桴難，鯨波殢柔艕。可堪飄燕危巢，鳴鴻大樹。更目送，斷紅流處。高門阻。曾見玉毀蘭摧，硝煙又豪雨。陵肉池盲，城社鼠狐據。思量恨滿滄桑，歸來遼鶴，忍重聽，劫中人語。

瑞鷓鴣　與幸福坤堯同遊澳門盧廉若花園用東坡城頭月落尚啼烏韻

榕陰細柳蔽陽烏。翠蓋青萍漲綠湖。流水潺潺叢竹柏，浪頭隊隊白舒鳧。雙英相覓幽芳徑，捷足先尋市酒罏。一盞清醑堪解渴，勞生且喜歇須臾。

瑞鷓鴣　與幸福坤堯同遊媽閣用東坡碧山

影裡小紅旗韻

雙英陪我舉遊旗。嫣閣乘時識麗兒。古樹千尋蟠絕壁，豪情萬丈寫新詞。　珠江浪濁魚難見，督署風和影已欹。日曆尚猶存漢朔，欣看石上昔賢詩。

附・黃坤堯和作

瑞鷓鴣　嫣閣和韻奉呈伯元夫子幸福兄

廿年未睹漢旌旗。國事迷離付小兒。古樹婆娑王化外，風雲變幻赭巖詞。　峰連太乙遮炎暑，利涉重川渡險欹。五百春秋多賦詠，名山須續二公詩。

臨江仙　讀坤堯弟清懷詩詞稿賦贈用東坡

四大從來都遍滿韻

江夏黃童原有種，無雙眞個無疑。清懷瀏亮寫清詩。藏胸盈卷冊，入目起漣漪。　香海追陪情益永，奇人時出奇思。詞章文字總同歸。源流雖不一，表裡實相依。

附·黃坤堯和作

臨江仙　奉畬伯元夫子

解道清懷何取義，迷離眞幻堪疑。一船絲管載歌詩。清風來海上，懷抱卷輕漪。　楚雨含情皆寫意，天涯芳草幽思。人間天上黯春歸。幾回閒夢遠，霜露濕單衣。

行香子　接友人詞二闋卻寄用東坡攜手江

村韻

柳媚山村。酒濺羅裙。情難盡，總繫吟魂。舊遊重到，綺語還聞。向桃花巷，迷香洞，錦江門。　飄揚紅袖，爛漫朱脣。舞衫輕，扇拂芳塵。夜來幽夢，曉對佳人。見湘娥黛，橫煙翠，鬢堆雲。

## 南鄉子

與世旭松超坤堯夜飲金福樓用東坡晚景落瓊杯韻

香海夜銜杯。卻是匆匆聚作堆。勝友三人同敘舊，重來。共酌金樽瀉白醅。　酷暑上樓臺。歎道心煩汗滿腮。世事如今紛走馬，遲迴。懷抱何時得好開。

附·黃坤堯和作

南鄉子　夜飲和韻奉呈伯元夫子世旭教授

久慕謫仙杯。玉液瓊漿白雪堆。暑氣盡消炎火散，飛來。六月冰華綴舊醅。　惆悵港韓臺。一髮青山淚點腮。千載須憐詩句苦，帆迴。儋耳夜郎破浪開。

昭君怨　香江送蘄兒赴美用東坡誰作桓伊三弄韻

命運由人作弄。骨肉團圓一夢。離恨轉愁煙。掛長天。　次弟諸兒盡去。好似從風飛絮。剩我若孤舟。任飄流。

## 醉落魄

柏林拆牆用東坡輕雲微月韻

層雲出月。自由聲浪如潮發。辱牆終拆將難合。德國東西，歡度重逢節。

血染京城行路滑。胸懷民主無由說。神州憂患何時歇。八老齊休，馬列長相別。

## 蝶戀花

懷柴玲用東坡雨後春容清更麗韻

玉質冰容晶淨麗。拋此丹心，報國明如洗。往事今成東逝水。悠悠何覓堆雲髻。

黯黮神州千萬里。億兆男兒，生死都無計。每聽傳音人已醉。窮途滴盡英雌淚。

## 少年遊

憶內用東坡去年相送韻

昨宵幽夢，飛來卿處，庭院結雙花。圍爐兒女，天倫樂敘，歡笑滿吾家。　醒後細聽寒蛩泣，新月透窗紗。

只見孤身空房裡，淸光下，影橫斜。

## 卜算子

香江喜晤兆千紹芬伉儷感賦用蜀

客到江南韻

香港憶臺灣，共道臺灣好。一夕樽罍感慨多，猶喜相逢早。　握手鬢成絲，花落餘秋草。間綠迴黃自有時，莫歎身將老。

## 江城子

迎琍妻返港用東坡玉人家在鳳凰

山韻

荆妻飛過萬重山。白雲間。意悠閒。相對朝朝暮暮看眉彎。試問閨情誰得似，張敞筆，畫斕斑。　孤身眞個喜君還。不眠鰥。淚時潸。應樂長年雙枕貼香鬟。苦盡甘來愁已去，從此後，永開顏。

## 江城子

賦贈兆千紹芬伉儷用東坡鳳凰山下雨初晴韻

望夫山下雨初晴。晚風清。火通明。伉儷情深相對笑盈盈。夜月團圞如玉鏡，原著意，映婷婷。　喜聞雙手互調箏。訴衷情。枕邊聽。琴瑟和鳴依舊靠心靈。樂道廿年同作伴，終不悔，眼常青。

## 虞美人

人日赴家鉉伉儷家宴用東坡湖山

信是東南美韻

靈辰卻憶花蓮美。碧海波千里。今宵重聚故人來。竹葉沾脣相與一徘徊。君家伉儷羲皇上。心曲隨聲唱。吟詩作畫道當時。方覺少年情誼似琉璃。

## 訴衷情

庚午元夜聽伴唱機試聲用東坡錢塘風景古今奇韻

堪嗟科技太稀奇。伴唱詠新詩。歌詞樂曲相和，舞步自東西。　杯酒後，意醺時。韻清淒。元宵佳節，引吭高歌，且盡情啼。

## 菩薩蠻

庚午孟春坤堯宴師聚飲甚歡呈蘇

公及同席用東坡玉童西迓浮丘伯韻

延師席上逢詞伯。欣然與點能彈瑟。春酒瀉卮瓊。新詩過眼明。秦王還賜宴。通德修門看。觀海盡朝蘇。生徒滿五湖。

## 附·蘇文擢和作

### 菩薩蠻

次韻伯元教授坤堯宴師用坡公韻見寄並柬坤堯是夕一座皆豪於酒

高歌青眼糟丘伯。新詞更譜雲和瑟。談屑吐寒瓊。夜樓燈火明。紅棉前度宴（客冬蒙招飲紅綿廳）。玉盞春重看。醉夢幾時蘇。吟箋落鏡湖。

附・黃坤堯和作

菩薩蠻　次韻伯元、邃加二師春宴原玉兼呈同席（庚午）

翩然菸止文章伯。神仙鸞侶諧琴瑟。令德映徽瓊。中天蟾兔明。

春觴同享宴。柏酒辛盤看。萬象復昭蘇。詩情萬頃湖。

菩薩蠻　寄懷用東坡娟娟缺月西南落韻

攀龍附鳳榮還落。書城歲月常蕭索。千卷在胸中。金聲鳴幾重。

古今多少淚。盡付長流水。一闋大江東。

誰如蘇長公。

## 江城子

港局讀謝校長秋興八首作用東坡翠蛾羞黛怯人看韻

罏峰殘局懶重看。絳羅紈。調胡彈。五載諮詢，終是弄玄關。兩制一邦春去也，專政易，自由難。機槍坦克骨如山。命相干。又誰安。借問西風，東轉待何年。民主潮流潮不斷，波湧起，浪衝天。

## 菩薩蠻

膺選浸會學院中文系傑出教師奬感賦用東坡秋風湖上蕭蕭雨韻

囊時師苑風和雨。鼓琴吹笛難留住。香海遇諸君。玄亭欣得人。心頭千點淚。如飲杯中水。今日展眉蛾。傳薪情更多。

南歌子　五五生日用東坡苒苒中秋過韻

五五齡方過，千千髮已華。人生歲月似流沙。卻歎批書到老總無涯。舊學能稽古，新聲克振家。嗟余德業尚牙牙。未識將來何事足矜誇。

附·黃坤堯和作

南歌子　追和伯元夫子生日次韻寄意

白日中天耀，人間黛綠華。春風圓露潤寒沙。喜見椒蘭芝蕙滿江涯。乳燕高飛遠，雙棲戀舊家。依依蛾月掛檐牙。更勝鴟夷釣客五湖誇。

## 清平樂

感時用東坡清淮濁汴韻

龍驤浮汴。風起驚濤岸。一著棋差天下亂。雨打蓬萊舊苑。王敦酒後敲壺。紛紛攬轡踟躕。逐鹿英豪群起，憂民憂國全無。

## 南鄉子

沙田閒居用東坡回首亂山橫韻

隔岸看橋橫。雄偉沙田第一城。遠望八仙雲霧裡，亭亭。時見詩人載酒行。河水未澄清。畫舫昇歌舞不成。點點繁燈波倒映，熒熒。恰似星空雨後晴。

## 泛金船

賦贈金強仁弟用東坡無情流水多

情客韻

香江兩度重爲客。喜汝原相識。隆情盛宴難辭卻。自嗟歲華逼。絳帳絃歌，漫付幾多年月。昔育俊髦英發。還厲淸節。　　堅貞翠柏經霜雪。更把靑枝插。神州黯黮歌聲咽。歎民主長別。另振雄風，莫任故園殘缺。幸語域中龍種，應惜玄髮。

南鄉子　喜柴玲脫險用東坡東武望餘杭韻

鐵幕得梯航。民主英雌出渺茫。且喜艱危成過去，他鄉。猶可驅馳逐鹿場。　　舉世共傾觴。一滌長年九轉腸。卻笑屠夫渾不省，墳塘。終究當埋鄧李楊。

## 南鄉子　外雙溪故宮博物院用東坡涼簟碧紗廚韻

百寶滿丹櫥。盡是前王省覽餘。器度寬容懷似鏡，舒徐。祕閣還存萬卷書。　後嗣漸非歟。卻令民心日日疏。壯麗山河終破碎，紛如。智慮何曾及下愚。

## 附·黃坤堯和作

## 南鄉子　奉送伯元夫子歸國四首之一

長劍老丹廚。伏虎降龍刃有餘。回首鬱孤嗚咽水，舒徐。展讀人間四部書。　故國慕歸歟。久客情懷日轉疏。蓬島漫消懷苦氣，紛如。冷眼旁觀憫下愚。

## 南鄉子

春雨用東坡寒雀滿疏籬韻

春雨打青籬。忍看繁英散玉蕤。一陣寒風天際起，翻飛。無計消愁把酒卮。　相對欲吟詩。花縱難言意可知。草色芊眠春去也，迷離。金縷悲歌枉折枝。

**附·黃坤堯和作**

## 南鄉子

奉送伯元夫子歸國四首之二

秋夢寄東籬。一瓣冰心抱素蕤。北海霜凋南海冷，爭飛。弓動弦驚碎玉卮。　相望苦尋詩。片瓦難存世所知。何事崑崙留與去，傷離。忍送哀蟬渡遠枝。

## 浣溪沙

率浸會學院中文系同學赴臺參觀

故宮博物院東吳大學二首用東坡縹緲危樓紫翠間韻

身在青雲一步間。下臨港島景齊全。橫飛碧海興悠然。
春雨滂沱連幾日，杏壇揖讓已多年。後先桃李眼前看。

白雪高歌一刹間。隴雲流水總難全。銷魂橋畔意怦然。
古物端詳開眼界，舊遊重到待何年。諸君屈指試推看。

## 南鄉子

香江初食楊梅用東坡裙帶石榴紅韻

微濕碎綃紅。四十年來不見儂。夢裡相思終莫得，重逢。似有靈犀一點通。　火實出天工。綴紫霞巒色滿空。風露盈籃消午渴，撚攏。一股瓊漿直透胸。

## 附·黃坤堯和作

### 南鄉子　奉送伯元夫子歸國四首之三

春日百花紅。學海薪傳共仰儂。雨施雲行高格調，欣逢。點化靈明一路通。　音韻奪天工。雕琢聲情實亦空。更領東坡憂患意，微攏。合見悲懷磊落胸。

### 南鄉子　迎蘭兒抵港團聚用東坡旌旆滿江湖韻

大海過長湖。今坐飛機勝快艣。萬里歸來才一日，奇儒。神巧眞堪敵萬夫。　兩載賦離居。總爲前程遠讀書。此夜天倫終樂叙，欣如。喜見慈親長上珠。

附・黃坤堯和作

南鄉子　奉送伯元夫子歸國四首之四

明月瀉銀湖。吐露煙開幾點艣。談興更宜微醉後，非儒。俠骨悲歡見丈夫。　今夕感離居。詞札吟成兩地書。信是牽情天未老，眞如。喜看香醅跳玉珠。

定風波　初訪廣州用東坡今古風流阮步兵韻

惆悵當年百萬兵。九州不守意難平。卅載歸來今小住。終去。山河非復昔時清。　越秀山前遭雨惱。歎道。羊城天氣也無情。禹甸何時能靖亂。重泛。珠江舟上響歌聲。

## 減字木蘭花　訪廣州六榕寺用東坡惟熊佳夢韻

久勞魂夢。蘇子六榕誰斷送。古塔千秋。浩氣如虹貫斗牛。　丹盤酒果。一瓣心香呈列坐。向不矜功。李杜風流怎及儂。

## 河滿子　惠州西湖用東坡見說岷峨悽愴韻

聞說西湖景麗，更兼蘇子風清。曠達襟懷多逸趣，孤山依舊傾城。碧樹千尋倒映，長空一望雲平。點翠洲前漫步，逍遙堂外徐行。九曲橋中頻駐足，微瀾玉塔留名。塑像六如亭畔，朝雲相伴含情。

## 菩薩蠻

訪白鶴峰東坡故居用東坡天憐豪俊腰金晚韻

東坡舊館登臨晚。白鶴峰前民住滿。勝蹟已難留。人間經幾秋。來時攜斗酒。歸去頻搔首。雪浪動吾思。壺冰分暑時。

## 鵲橋仙

惠州朝雲墓用東坡緱山仙子韻

錢塘佳麗，瑤房仙子，原是維摩天女。相陪玉局廿三年，鍊得丹成旋別去。　峰頭雙鶴，西湖春草，還對蠻煙瘴雨。孤山何地覓芳魂，人道六如亭在處。

## 阮郎歸

訪合江樓不見悵惘而歸用東坡一年三度過蘇臺韻

不辭萬里拜樓臺。東江煙霧開。同行心裡共疑猜。這回應白來。　樓未見，暑相催。多情當自咍。成陰樹木沒人栽。蘇公風竟衰。

## 醉落魄

攜妻兒泛海取樂用東坡蒼顏華髮韻

青山華髮。妻兒同樂心初決。興遄飛處囂塵絕。碧海清波，煩惱須臾別。　瀰瀰細浪聲嗚咽。驕陽酷烈紅雙頰。汗珠滴面羅巾裹。共創人生，往事留談說。

## 菩薩蠻

送蘭兒返美用東坡玉笙不受朱唇暖韻

相陪兩月心頭暖。天倫團叙歡聲滿。別後又經秋。愁懷離恨留。　勸親宜斷酒。柔細如絲柳。黯黯憶前緣。人飛萬里天。

## 減字木蘭花

柳州柳侯祠用東坡欲執河梁手韻

柳州遠客。千里來瞻侯岸幘。荔子丹風。百世居民尙祀公。清思慮早。四十七年誰說老。布政安徐。勝蹟羅池月映湖。

南歌子　遊桂林用東坡欲執河梁手韻

欲賞漓江水，先登仰止堂。涼風吹葉響長廊。衣帶飄香佇立久迴翔。疊疊靑山影，幽幽水月莊。恍如舉足入仙鄉。蘆笛七星奇景潤詩腸。

附·唐甲元和作

南歌子　桂林山水

峻峭凌霄劍，神奇展畫堂。漓江百里盡詩廊。千種連翩浮想任翱翔。勝蹟幽而古，風光美且莊。桂林無愧譽仙鄉。竟日留連忘返夢縈腸。

附·陳家彥和作

南歌子　文化古城

欲曉桂林美，還登烈士堂。英雄正氣繞花廊。喜看藍天白鴿任翱翔。

娜娜榕湖柳，田田西子莊。詞翁文彩耀家鄉。贊歎韻壇樹幟九迴腸。

附·王必顯和作

南歌子

飽覽全城景，必經仰止堂。英雄正氣涌迴廊。撥霧拿雲了望白龍翔。依稀湖邊柳，吟聲處士莊。半塘文彩詞翁鄉。一代文豪獨樹桂詞腸。

附·丁邦振和作

南歌子

碧碧漓江水，端端仰止堂。牛郎織女望長廊。衣帶連香七夕定同翔。疊疊雲霞影，清清水月莊。桂林山水甲千鄉。獨秀象山奇景醉詞腸。

附·韋家興和作

南歌子

最喜漓江水，青羅飄昊堂。水鄉百里畫長廊。破霧騰天九馬喜鳴翔。　山舞雲天外，漁歌水月莊。爲留佳客入仙鄉。獨秀擎天疊彩潤詩腸。

附・陽偉明和作

南歌子

久別家園水，先瞻祖廟堂。歸來沿路似華廊。矯健雄鷹展翅竟翱翔。　獨秀峰依舊，王城更肅莊。飄零遊子倍思鄉。一曲高歌盡與訴衷腸。

附・趙明芳和作

南歌子

八桂山連水，名傳大雅堂。西風落葉掃迴廊。聯袂登高鳥瞰幾回翔。起伏青山影，分明水月莊。洞天福地迷魂鄉。怪石奇峰景致醉柔腸。

附·趙玉發和作

南歌子

碧玉青羅水，雲峰勝境堂。漓江百里畫迴廊。難捨河山應續夢飛翔。日月朧帆影，天塵映水莊。桂林遊旅似神鄉。過往漁船灘外酒牽腸。

附·張儒和作

南歌子

象飲漓泉水，還珠正夏堂。花香鳥語廣寒廊。獨秀峰顚展望白雲翔。羅帶垂簷影，園林兩岸莊。遊人宛在畫屏鄉。異洞奇山瑞氣蕩柔腸。

附·黃健文和作

南歌子

雲繞芙蓉石，風吹佛殿堂。畫面千幅滿長廊。羅帶玉簷魚躍鳥飛翔。浩浩長天水，茫茫入畫莊。牧童橫笛彩雲鄉。一曲清歌婉轉滌愁腸。

附·黃智英和作

南歌子

覽勝月峰頂，必經仰止堂。清風迎客過長廊。拾階攀登縱目鶴高翔。　遠近千山影，城郊萬户莊。飄羅繞翠似仙鄉。無限風光著意潤詩腸。

附·蔣芳和作

南歌子

盛譽漓江水，揚名仰止堂。流芳萬代壯長廊。睢張烈士浩氣永迴翔。　破壁飛留影，還珠應寶莊。身臨聖地漫仙鄉。獨秀伏波雅景動詩腸。

附·廖家駒和作

南歌子

樂到清幽境，何須畫錦堂。南華北牖繞樓廊。庵透佛光白雀瑞雲翔。　剪柳依湖徑，飛花戲謝莊。朝陽夕洞霧仙鄉。細品嘉蓮刺史盛詩腸。

附・鄧需森和作

南歌子

欲去棲霞洞，先尋聳翠堂。蓬萊仙境小長廊。玄武神鐘龜蛇白鶴翔。　古樹參天綠，濃陰延酒莊。瓊樓玉宇勝仙鄉。月墜花橋虹影動詩腸。

附・葉麗水和作

南歌子

疊彩風光好，漓演仰止堂。山門新築美長廊。仙鶴峰高遠眺勢飛翔。遊罷桂林景，暫休四合莊。群疑此地是仙鄉。四洞廣幽如畫飽詩腸。

附·顏昶和作

南歌子

靈劍東江水，瞿張仰止堂。亭臺穿過九迴廊。仙鶴拿雲明月竟飛翔。深淺潛龍影，斷橫疊彩莊。居然身在廣寒鄉。獨秀伏波美景醉心腸。

附·黃坤堯和作

南歌子

悼陳太夫人兼唁伯元夫子

莪蓼哀音苦，思深夢北堂。幾回風動響迴廊。信是夜魂環珮任翱翔。
前世鴛鴦侶，相將歸故莊。色空疑幻捨愁鄉。哭道九泉隨唱撼肝腸。

采桑子　桂林山水神話用東坡多情多感仍多病韻

桂林山水奇天下，王母筵中。仙女相逢。各顯神工疊翠空。
嫦娥獨造飄香苑，慢掘徐攏。大士通融。一灑漓江晚照紅。

附·唐甲元和作

采桑子　寄陳新雄吟長

瑤章三闋珍如許，誼滿箋中。何日相逢。翹首東溟望眼空。炎黃一脈連難斷，四海應攏。手足情融。共詠梅花歲歲紅。

附・陳家彥和作

采桑子　七星夜月

天高銀漢無雲朵，玉鏡當中。良夜難逢。坐月醺花盞應空。花前賞月徐香送，月上帘櫳。花影交融。月下觀花花更紅。

附・王必顯和作

采桑子

漓江百里浮圖影，九馬畫中。騏驥相逢。漁火興坪暮挂空。蓮花怒放仙霞洞，香漫戇櫳。日影融融。卓筆欣吟夕照紅。

附·丁振邦和作

采桑子

名山奇水甲天下，聖母筵中。仙女相逢。各顯靈姿疊翠空。嫦娥種護飄香苑，慢掘開櫳。大士融融。一指漁燈漓水紅。

附·韋家興和作

采桑子

青山綠水奇天下，墨客描中。詩畫相逢。天女藍簪撒太

空。九天玄女施神技，慢慢回攏。百里香融。縈立
江城映日紅。

附·陽偉明和作

采桑子

嫦娥移桂栽幽境，驅嶺途中。仙牧奇逢。北石南來綴野
空。淨瓶甘露成河道，百脈相攏。大宇圓融。佛法
無邊普照紅。

附·趙玉發和作

采桑子

桂林山水神仙境，天子宮中。機遇難逢。駕霧騰雲變悟

空。

浮雲怎遮奇觀苑，石象駝攏。鐘乳崖融。漓水黃昏霞映紅。

## 附·黃健文和作

### 采桑子

漓江景點多佳話，九馬山中。機會難逢。舜洞薰風映碧空。

接龍橋上雲深處，物去難攏。噴霧晴融。唯有雲霞照眼紅。

## 附·黃智英和作

### 采桑子

秀水名山天下甲，倒影江中。雙月相逢。漓水粼波映碧空。　嚮往七星蘆笛美，寰宇爭攏。遊旅歡融。一覽千山夕照紅。

附·蔣芳和作

采桑子

壯麗非凡豐古洞，明月峰中。仙鶴相逢。展翅高飛到太空。　拿雲駕霧登天境，精氣戇攏。佛祖通融。一指山青水耀紅。

附·廖家駒和作

采桑子

伏波嗚鞘青岩斷，威震寰中。劍弩初逢。鐵臂輕抒箭嘯空。 鏑飛竹運三山洞，將退兵攏。漢越交融。玉水神山竟日紅。

附·鄧需森和作

采桑子

伏波屹立漓江畔，劍出鋏中。石劍相逢。石桂削成一道空。 將軍登上伏波頂，志射蜍櫳。意態融融。箭鏃赤心宇宙紅。

附·葉麗水和作

采桑子

漓演風景眞如畫，人在圖中。夢裡相逢。駕霧騰雲上太空。瑤池仙子來歌唱，慢撚輕攏。音調和融。一曲霓裳醉眼紅。

## 更漏子

遊桂林登疊綵伏波兩山頭用東坡水涵空韻

水縈城，山繞市。疑是神仙鄉里。排玉筍，鑄精金。還珠風洞深。兩峰頭，張眼處。總見雲來雲去。觀不盡，約難期。流連何忍歸。

## 附·唐甲元和作

## 更漏子

登高攬勝

立雲頭，觀桂市。盡在群峰懷裡。山聳玉，水浮金。漓江畫意深。　通天路，銷魂處。多少騷人來去。問銀燕，可知期。知音海外歸。

附·陳家彥和作

更漏子　桂林漫步

近黃昏，遊夜市。燦爛花燈十里。紅日出，滿湖金。林陰鳥語深。　柳梢頭，藏鶯處。乳燕呢喃來去。興難盡，錯佳期。依依不舍歸。

附·王必顯和作

更漏子

玉簪斜，羅繞市。桂蕊香飄十里。霞燦爛，曙飛金。晴嵐映洞深。碧青巒，蒼翠處。幽徑人來人去。風送醉，負佳期。踏花帶夢歸。

## 附・丁振邦和作

### 更漏子

水名城，文化市。入畫成書行里。載玉笥，煉精金。連珠洞洞深。兩山頭，開眼處。不斷朋來朋去。觀未盡，約限期。依依難舍歸。

## 附・韋家興和作

### 更漏子

山連城，水抱市。喜見天堂千里。開玉笥，放精金。伏波疊彩深。　兩峰頭，會景處。一望囂塵全去。輿不盡，延時期。風光誰舍歸。

附·陽偉明和作

更漏子

拿雲亭，映霞市。重睹依依故里。疊彩錦，色如金。太虛玄奧深。　轉伏波，還寶處。白鶴馬蘭何去。天下事，不須期。迎風瀟灑歸。

附·趙玉發和作

更漏子

綠山城，香桂市。常有秋風懷里。看似筍，石如金。山峰雲水深。按心頭，彈指處。一水清澄東去。難敘舊，盼何期。神州來統歸。

附·張儒和作

更漏子

伏波山，依衢市。半踞漓江懷裡。還珠洞，義如金。人間寄意深。聽鳥語，清幽處。盡是遊人來去。興未止，定來期。滿懷戀意歸。

附·黃健文和作

更漏子

水雲鄉，文物市。曾是狀元梓里。山疊翠，桂如金。映嵐光波深。　閑亭外，還珠處。山頂遊人來去。同挽手，話佳期。含情帶笑歸。

附·黃智英和作

更漏子

史文城，山水市。舉世無雙鄉里。湖生筍，寺藏金。隱山六洞深。　翠峰頭，龕像處。常見雲來煙去。觀未盡，擇新期。樂矣再回歸。

附·蔣芳和作

更漏子

樹縈城，房耀市。遠矚峰巒景里。山光色，桂彩金。詩情畫意深。仰觀天，平立處。爽氣風來風去。迷戀此，樂歡期。長安不舍歸。

附·廖家駒和作

更漏子

古通衢，今鬧市。總是群芳叢裡。欄鑿玉，棟飾金。石芙蓉戀深。小江流，長圓處。盡惹春風來去。明蟾聚，是佳期。有橋遊子歸。

附·鄧需森和作

更漏子

桂林城，開放市。但願名揚千里。山色玉，市容金。人人情感深。　三秋暑，桂江處。遊子流連忘去。祖國一，全民期。親人他鄉歸。

附·葉麗水和作

更漏子

綠環城，花滿市。佳景盡收囊裡。朝旭白，晚霞金。耀探珠洞深。　聞鳥語，迎眸處。遊客陣來陣去。思後會，願如期。扁舟送我歸。

醉落魄

柳州峰小龍潭用東坡分攜如昨韻

龍潭非昨。聲聲還自相飄泊。清音婉轉人離索。星墜魚峰，石像今璀錯。　千鈞鎮惡悲難卻。年年三月花開落。州民猶記生前約。引吭高歌，彷彿來笙鶴。

## 浣溪沙

過南京總統府前用東坡長記鳴琴子賤堂韻

灰暗門中舊殿堂。庭前猶植昔垂楊。可憐歷盡幾風霜。
四十年來長抱恨，三千里外細思量。何時旌斾得還鄉。

## 沁園春

杭州西湖用東坡孤館燈青韻

夢裡相思，詩卷情殷，眼底霧殘。對雙峰鵠峙，彩雲朵朵，平湖浪捲，衆美團團。曲院風荷，三潭印月，到此心頭無限歡。凝眸處，千言萬語，盡湧毫端。濃妝淡抹咸安。晴與雨，芳姿似昔年。要蘇隄春曉，斷橋殘雪，九溪煙樹，兼得殊難。龍井試茶，阮墩攬翠，榮辱升沉閒處看。持盃酒，數西湖人物，誰後誰前。

## 永遇樂

將返臺辭別香城舊友用東坡長憶別時韻

兩載詠歌，兩年煙雨，歲華如水。別緒縈懷，數聲風笛，愁隨人千里。陽關三疊，魂消南浦，敢卻一樽歡醉。酒濃時，空敲玉盞，今宵管他無寐。 蘇公襟抱，元龍豪氣，江夏黃童情意。事事難忘，人人堪憶，莫灑傷懷淚。南天紛郁，北溟縹緲，靄靄密雲橫被。細思量、香城舊友，最應惦記。

附·黃坤堯和作

永遇樂　奉賀伯元夫子師母琴瑟佳期

二十七年，情堅金石，歡泳魚水。幾涉重洋，橫添別怨，心連千千里。金風玉露，梧桐夜雨，仰望星河沈醉。惜今宵，攜手瑤階，依稀少年難寐。　黃山煙雨，桂林綵筆，更譜香江雲意。畫扇題詩，稱觴勸酒，漫染傷離淚。八仙海色，獅峰晴黛，一夕銀光柔被。猛回頭，蓬萊日月，幽盟永記。

減字木蘭花　惜別香港用東坡空床響琢韻

精雕細琢。九七聲如初夏雹。大難當前。北地風來入戶寒。人尋線索。欲覓桃源乘赤撥。月落春闌。琴上徽音孰更彈。

蝶戀花　庚午歲暮有懷坤堯仁弟用東坡鐙火五夜韻

兩載香江多少夜。樽酒相逢，細吐詩如畫。最喜吟箋香若麝。更兼才捷行空馬。　步韻填詞眞匹也。深圳羊城，惠邑皆同社。訪古尋幽青嶂下。騷思逸趣飛晴野。

蝶戀花　密州第十屆蘇軾學術研討會用東坡燈火錢塘三五夜韻

爲讀東坡燈永夜。志節如霜，情韻生如畫。議論文章香若麝。密州出獵馳奔馬。　胸膽開張眞壯也。愛國親民，畫像祀民社。十屆研尋東武下。滿懷正氣籠平野。

## 附・黃坤堯和作

### 蝶戀花

辛未上元寄伯元夫子

燈舫星橋圓月夜。黯黯春愁，搖落江天畫。酒怯詞荒凝冷麝。雲思馳驟驅神馬。　五月帝城微醉也。講韻論詩，慷慨賡吟社。同續坡詞千載下。天風海雨嘶平野。

### 江城子

葬先慈於燕巢三信墓園用東坡十年生死兩茫茫韻

春暉朗朗浩茫茫。廣難量。怎能忘。鞠育深恩，追念益悲涼。問暖噓寒無限愛，思往事，嚙冰霜。　去年剛道欲還鄉。倚南窗。洗塵妝。歸夢猶存，魂逐父齊行。悵恨慈雲從此杳，哀淚滴，燕巢岡。

## 附・黃坤堯和作

### 江城子　十年結褵吉日左陳二師招飲相賀陳師指調命題欣然有作

十年晴雨悟微茫。互商量。是非忘。吟閣青燈，坐對晚風涼。茶酒唱隨佳興逸，帷幌動，月流霜。　沙田一夢水雲鄉。映瓊窗。透華妝。儔侶相呼，歌哭振詩行。

解道兒曹心事了，遊四海，陟崇岡。

## 雨中花慢

中山大學贈國順弟用東坡今歲花時深院韻

當日春光嘗照，坐歎東風，吹亂雲煙。失卻一方原野，萬選青錢。怕見南鯤，萋萋芳草，歷歷庭園。喜翠柏漸茂，幽蘭挺秀，許我流連。　椰林向暖，碧波推浪，人在西子灣前。纔十載，滿堂桃李，高會陶然。創業難能慎守，身賢莫若徒姸。欣如歸去，靜觀諸子，歡樂長年。

## 江城子

感時用東坡老夫聊發少年狂韻

臺瀛五月又風狂。晝昏黃。掩穹蒼。青翠田園，砂石起平岡。寧靜城邦非往日，爭意氣，少年郎。　飛揚跋扈勢囂張。布寒霜。道相妨。舊事難書，切莫再荒唐。覆雨翻雲前鑑在，哀九域，遍豺狼。

## 水龍吟

賀天成師七秩嵩慶用東坡楚山修竹如雲韻

手栽桃李連雲，我公天遣爲師表。清臞在貌，經綸滿腹，群英環繞。馬帳徽音，闕西槐市，絃歌悠嫋。歎人師難得，通儒幾遇，千秋後，如公少。　不見申公弟子，設壇堂規模非小。探珠採玉，吟風弄月，岱青未了。攬筆塡詞，鼓琴吹笛，聲聞天杪。與同門重坐，春風獻壽，醉應忘曉。

## 減字木蘭花

遊美國戚氏比灣用東坡賢哉令尹韻

賢哉令尹。策建雙橋人解慍。不藉舟人。如帶車流似曳紳。東西來去。九域即今無覓處。天德衰兮。巨憝喪亡待幾時。

## 蝶戀花

銀泉鄉居用東坡簾外東風交雨霰韻

庭內溫馨庭外霰，最喜家人，笑語如雛燕。應惜親情相送暖。何妨一樂擎杯琖。　古樹參天陰影遍。盛暑生涼，午枕還香軟。一夢醒來無所怨。斜陽度隙封塵硯。

## 滿江紅　客地追懷先君用東坡天豈無情韻

地老天荒，情難了，他鄉遠客。思往事，千端洶湧，紛如飛雪。曾計歸帆多少日，豈知埋骨安磐石。從今後，花落復花開，幽明隔。　人世間，誰能必，親已逝，頭亦白。行年似流水，舊歡何覓。剩只有長懷別離恨，不眠永夜開雙睫。夢未成，書信又難通，音容絕。

## 殢人嬌　遊美國巴的摩爾城世界貿易中心賦感用東坡別駕來時韻

放眼環球，民族國家難數。向窗內旗幟窺覷。旗分兩岸，左右猶相侶。正見白日黃星還漫與。燭淚已乾，成灰蠟炬。爭功罪盡成煙霧。雙旗無恨，在他邦共處。問執政諸人，曷仍迷路。

望江南　戈巴契夫下臺有感用東坡春未老韻

春未老，人去日橫斜。放眼當今天下客，幾人如爾智生花。聲譽著邦家。　消息到，舉世盡咨嗟。既念壯懷無處展，多憂心境敢烹茶。別矣好風華。

望江南　諸城遊用東坡春未老韻

諸城好，遊到日西斜。復舊超然臺上望，創新北汽廠生花。歡樂滿人家。

巡禮後，入眼意欣嗟。鴨嘴巨龍能動衆，旋迴高塔可烹茶。市政展才華。

## 望江南

戈巴契夫下臺有感用東坡春已老韻

春已老，事業竟無成。壯志未酬身遯隱，豺狼遍地命何輕。心意實難平。

雷暴後，盡毀昔躬耕。共產妖邪終必敗，如潮民主萬方鳴。芳草總萋菁。

## 望江南

讚諸城用東坡春已老韻

諸城好，蘇學集新成。中外學人齊聚會，古今名論駕車

輕。海峽喜風平。　高處望，舊市盡翻耕。百曲扶淇
垂柳綠，一番開拓九州鳴。幕府有英菁。

## 滿江紅

戈巴契夫重返莫斯科用東坡東武

南城韻

百姓盈城，人人是，歡情洋溢。雷雹過，長空萬里，天
青海碧。共產妖邪眞倒也，願君千勿重尋覓。爲人類，
營造太平春，心如一。　悲喜劇，終演畢。紅場上，
高昂日。同聲齊大喊，衆人爭出。君不見列寧像已倒，
能除民賊方奇逸。讓史毛，陰影逐風飄，無痕跡。

## 水調歌頭

蓮花白酒用東坡明月幾時有韻

好酒幾時有，眞欲問蒼天。豈知西湖舟上，一別卅餘年。未料隨風到處，嘉義梅山瑞里，淸風解曉寒。把盞看霄漢，月在翠微間。　四季春，金萱葉，久難眠。醞香人好，蓮花椒雨泛淸圓。道路崎嶇曲折，峰頂雲蒸霞蔚，萬事破難全。醉眼飛檐外，雲細月娟娟。

## 水調歌頭

壬申端陽用東坡明月幾時有韻

歲月似飛箭，日月過長天。不知人世變化，今昔異當年。傳道爲師依舊，早已窮通不計，近事令心寒。把酒訴懷抱，何似昔時間。　常開眼，情緒惡，夜難眠。荆山泣玉，沈水無語夢難圓。屈子行吟江岸，和氏懷珍悲歎，自古罕能全。記取詩人節，莫負月娟娟。

## 晝堂春

漢語言學國際學術研討會用東坡

柳花飛處麥搖波韻

乘風萬里踏清波。漢川岸，共研摩。論音析韻語如梭。相對聆聲歌。

藹藹群峰聳翠，洋洋流水齊和。匆匆三日聚無多。來歲渡黃河。

## 江城子

攜內與忠司志堅仲溫添富諸子同

遊東坡赤壁用東坡前瞻馬耳九仙

山韻

諸君隨我渡重山。越雲天。共悠閒。赤壁東坡，眞個足陶然。兩賦千秋輝日白。方接目，已娟娟。　長公於我最拳拳。思翩翩。妙晴煙。挺直高標，景仰實多年。應記師生瞻望處，江北岸，雪堂前。

## 江城子　密州出遊用東坡前瞻馬耳九仙山韻

爲瞻馬耳過常山。暗雲天。路林間。開道戎車，令我感陶然。一到九仙旋別去，經眼處，石娟娟。　五蓮風景嶺聯拳。霧翩翩。起飛煙。天竺奇峰，相見待何年。打自黃茅岡下過，行獵地，鐵溝前。

## 江城子　攜內與忠司志堅仲溫添富諸子同

遊武昌西山用東坡相從不覺又初寒韻

漢陽十月已輕寒。暮江前。思多年。九曲玄亭，幽夢始能圓。遙想蘇公當日景，吟一韻，衆同歡。　今來山上細探看。葉飄零，晚翻翻。元結陂湖，到處竟茫然。拾得石頭歸自寶，行縱盡，興非闌。

## 南鄉子

渡江用東坡不到謝公臺韻

隔岸望樓臺。乘興來遊亦快哉。舊日髯翁何處去，今來。欲拜人間絕世才。　赤壁縱頹。火速渡江獻一杯。浩浩長江無盡水，船開。激蕩胸懷入夢裁。

## 陽關曲

陪邵欣伯唐漢泉諸公登黃鶴樓用東坡濟南春好雪初晴韻

漢陽秋雨放初晴。剛見琴臺腳步輕。聆音莫忘武昌會，黃鶴樓邊流水聲。

## 蝶戀花

陪欣伯漢泉諸公登黃鶴樓用東坡簌簌無風花自墮韻

洋溢深情傾白墮。攜手同遊，黃鶴樓中過。翰墨盈牆仍照坐。登樓長嘯雲塵破。　兩岸交歡眞轉柁。極目江天，漢上傳薪火。後起芳魂問楚些。漢泉欣伯今之我。

## 殢人嬌

訪洞庭君山用東坡滿院桃花韻

千里湖山，湖上青螺那見。今朝乘便秋風軟。波濤未起，約同行非晚。君山裡，林間勝名成片。淚竹斑斑，湘妃泣變。舜帝南狩幽魂斷。哀傷無盡，已難雙開眼。求必應、土人自來道慣。

## 附·黃坤堯和作

### 殢人嬌　秋日呈伯元夫子時將從遊冀魯

淡蕩秋光，喜又敦豪相見。城河畔燈紅煙軟。閒情歲月，儘醉闌歸晚。尋信步、清江凍雲幾片。離聚無常，知心不變。詩酒趣都難中斷。從遊冀魯，指江山供眼。詞筆健、東坡佳句吟慣。

## 洞仙歌

湘君祠用東坡江南臘盡韻

堯傳帝舜，二妃相隨後。巡狩荊湖憩霜柳。走蒼梧、一似煙散星流。斑淚竹，猶在君山獨秀。

我從墳前過，陣陣秋風，搖曳生姿簾垂晝。英魂化作神靈，必應人求，任麼事，不辭孱瘦。願加惠巴陵萬千民，令世世平安，水波無皺。

## 陽關曲

柳毅泉用東坡暮雲收盡溢清寒韻

湧泉猶自溢清寒。柳毅通誠落玉盤。此泉此井不長有，湖漲湖枯相反看。

## 水調歌頭

登岳陽樓用東坡安石在東海韻

耳熟洞庭水，荏苒幾春秋。我欣今得償願，歡喜不知愁。工部乾坤詩句，文正巴陵一記，馳譽勝他州。極目楚天外，鱗甲欲生洲。　滕王閣，三峽險，典衣裘。亦當尋覓歸路，莫任影空留。攜酒長歌高詠，攬筆塡詞作賦，先樂抑先憂。天下太平日，重上岳陽樓。

## 浣溪沙

醉仙亭用東坡一別姑蘇已四年韻

一臥滄波幾許年。棲身湖上數行船。持杯猶見洞賓仙。
詩酒流連眞適意，君山依舊映丹顏。靈神香火滿人間。

## 臨江仙

攜內與志堅仲溫添富諸子遊周郎

赤壁用東坡自古相從休務日韻

萬里飛來探勝景，何妨化作龍吟。江邊亂石積重陰。當年吳魏鬥，今日水雲深。　極目驚濤猶裂岸，長波滾滾追尋。猶如戰馬走駸駸。周郎英爽氣，動我五湖心。

## 浣溪沙

謝和詞答和年用東坡照日深紅暖見魚韻

水濁難尋掉尾魚。何期獨鶴越群烏。知音相得總睢盱。　香海初逢心暗許，漢陽重聚意歡呼。詞來爬癢似麻姑。

## 浣溪沙

惠篆刻謝和年用東坡旋抹紅妝看

使君韻

把臂相親惠石君。篆文飛動躍天門。奔泉抉石好書裙。

玉案陰陽宜勒冊，金章魚鳥聚成村。停雲思友詠同昏。

浣溪沙　謝贈書呈和年用東坡麻葉層層檾葉光韻

玄圃瑤階揖夜光。清心悅目好書香。嬌容原不減貞娘。

大筆推君西漢手，長歌動我九迴腸。淩霜花品數純黃。

浣溪沙　函往來奉和年用東坡簌簌衣巾落

棗花韻

甫也成都欲浣花。織爲絲錦轉繅車。拋磚引玉試投瓜。
到處綠衣煩寄語，幾時寒夜共烹茶。西窗煎燭話宗家。

## 浣溪沙

聽楚劇致和年用東坡軟草平沙過

雨新韻

楚國陽春刻目新。巴人相與激淸塵。摩肩接踵共容身。
珠翠玲瓏腰柳細，迷茫煙霧一爐薰。全場貫注掉琴人。

附·黃坤堯和作

浣溪沙　壬申四月陳振寰教授赴國立中山大學出席第二屆國際聲韻學學術會議，當為首名大陸中文系學人登陸臺島者。乃聯袂赴臺，暢遊高雄佛光山、澄清湖及臺北而別，因用東坡韻賦詞紀行。

深圳羅湖氣象新。高樓拔地阻飆塵。一橋難渡不由身。　半日折騰飢渴苦，大千來去眼眸薰。炎黃族裔不同人。

浣溪沙　期來臺盼和年用東坡慚愧今年二

麥豐韻

今歲高朋比昔豐。遠從京國破晴空。圓勻五月荔輕紅。

莫道臺員多鴃舌，試將正語問兒童。能回獐鹿共同籠。

附·黃坤堯和作

浣溪沙　陪陳振寰用東坡韻賦詞紀行之二

玉佛華嚴體態豐。暑風微熱海涵空。一壇香火蠟燈紅。

勝地未銷塵俗想，靈山駐錫掃花童。慈航普渡出樊籠。

浣溪沙　祝與會望和年用東坡縹緲紅妝照

淺溪韻

西子灣前月照溪。飛鴻南下踏痕泥。期君衝破海東西。兩岸原爲兄弟會，九皋應識鶴聲啼。嚶鳴相許暗雲迷。

附・黃坤堯和作

浣溪沙　陪陳振寰用東坡韻賦詞紀行之三

四月游魚樂滿溪。芰荷幽韻出苔泥。忘情不辨海東西。九曲橋橫思舊賦，澄清湖畔鵜鴂啼。相逢一笑總淒迷。

永遇樂　題戎庵詩稿用東坡明月如霜韻

夢筆生花，熏香染彩，清麗攸限。香海魚書，停雲撰句，歲久交方見。情同師友，心常繫記，念念夢魂何斷。總相牽，才人難得，世間國色尋遍。瀾翻不息，思如泉湧，宣示幾多詩眼。倚宋裁唐，追韓逼杜，黃菊催春燕。惕翁詩老，景公夫子，豈止喜歡無怨。倘能見，新刊詩草，也齊讚歎。

## 附·黃坤堯和作

### 永遇樂　奉和伯元師題戎庵詩稿

蜀水巴山，一江黃帶，鄉思無限。蓬島風光，碧湖煙雨，酒懶慵見。交親零落，殘燈苑宇，怕聽相思腸斷。

鎮關情、人間天上，夜吟鵑血流遍。久無詩訊，久疏音問，當日屢蒙青眼。一縷冰心，夢魂常繫，北市雙雙燕。相如雄辯，廉頗英傑，兩岸合消恩怨。讀題詞、詩刊撰就，可供賞歎。

千秋歲　吳伯母九九嵩慶用東坡淺霜侵綠韻

髻雲堆綠。華誕逢休沐。賓獻壽，紅金幅。百齡今九九，嵩慶呈芳菊。樽酒舉，星輝南極光流馥。碧液浮膏玉。餘鼎調燔肉。兒媳孝，人群逐。青城仙客在，盛會年年復。音協律，期頤共祝燃高燭。

## 陽關曲　高雄迎和年用東坡受降城下紫髯郎韻

碧波西子迓潘郎。論韻吟詩固勝場。問君此日渡臺海，風月何如儂故鄉。

## 江城子　送和年離臺用東坡天涯流落思無窮韻

和年此去思何窮。說相逢。太匆匆。幸喜終來相聚醉顏紅。但願吾人常往返，跨兩岸，四時同。陽關唱罷眼溶溶。送歸鴻。半空中。一樣情懷惟我與君通。記取今宵千種意，攜手處，海西東。

## 減字木蘭花

臺北迎馮蒸用東坡玉觴無味韻

相逢滋味。執手看時盈熱淚。樂道忘憂。論學言談總自由。所聞所見。莫令冰消如雪霰。從此雲開。兩岸交流歲往來。

## 西江月

景伊師忌辰用東坡三過平山堂下韻

九度悲吟淚下，此生永記心中。久來未見景伊翁。笑語仍然飛動。長憶師門恩義，難忘對酒春風。公歸冀北已群空。往日情懷若夢。

## 附·羅尚和作

### 西江月

和伯元景伊師忌辰用東坡韻

國士長眠地下，臯比尚在黌中。門人雪鬢各成翁。意氣詞鋒生動。　記得體邦經野，難忘化雨春風。遺音高唱入晴空。南浦微波綠夢。

### 南歌子

迎新魁於臺北用東坡山雨蕭蕭過韻

臺北嘉賓至，炎州夜月清。翻山渡海過雲汀。兩岸交親一葦已先橫。　往事如煙散，洪濤似鏡平。相逢長見眼長青。敘罷羊城還敘杜鵑城。

南歌子

當代中國畫大師八十人傳題詞用東坡日出西山雨韻

畫是無聲語，詩能述畫情。詩人畫士兩心明。自古相親相近不相輕。八十宗師傳，尋將計日成。欣看滿冊盡精英。聊寫新詞一闋與同行。

南歌子

慰松柏用東坡雨暗初疑夜韻

遍野風和雨，終將爛熳晴。請聽鐘鼓報天明。覺後參禪道理本來輕。招謗因才捷，東坡是現成。春風不解惜瓊英。打葉穿林吟嘯要徐行。

南歌子

賀三弟新居落成用東坡帶酒衝山

雨韻

同枝原一氣，雨後自然晴。喜聞高廈落窗明。應是有如新浴一身輕。

水木清華屋，金碧已新成。疏櫺如玉又如英。遠寫新詞相賀意先行。

## 雙荷葉

北京天祥祠用東坡雙溪月韻

心如月。清光照徹南枝葉。南枝葉。人雖不見，丹心縈結。

千尋地窖青苔滑。未酬壯志身先折。身先折。精神永在，格完無缺。

## 漁家傲

賦贈北方工業大學仇校長春霖用東坡皎皎牽牛河漢女韻

兄弟何庸分我女。相逢一笑人歡語。夢想朝朝還暮暮。今來處。京城石景山前浦。　此日新知明舊雨。溫文儒雅佳風度。迎客殷勤頻叩戶。須記取。他年仍要常來去。

**臨江仙**　賦贈靖華教授用東坡細馬遠馱雙侍女韻

昔少知音君與我，今朝喜勝霜靴。東坡詩學是專家。相逢京邑後，應有筆生花。　石景山前初把臂，匆匆夜月偏斜。使君能使帶隨車。從茲書往返，清水洗泥沙。

**菩薩蠻**　北京天安門用東坡畫檐初挂彎彎

月韻

今來初見京城月。清光未滿偏逢缺。竊國卻誅鉤。天安門上樓。人人誰說好。不見能言巧。昔恨衆心知。英雄今已離。

## 菩薩蠻

梅葆玥梅葆玖姊弟京劇清唱用東坡風迴仙馭雲開扇韻

鏗鏘京劇隨風扇。梅家絕藝鶯聲囀。姊弟衆人驚。聞名先淚零。勞生雖草草。心喜身非老。飛渡海中間。交親年復年。

## 西江月

威海市劉公島用東坡世事一場大

夢韻

威海當年舊事，心中此日非涼。傷懷往蹟滿長廊。熱血翻騰湧上。　軍費挪爲別用，英雄又被人妨。今看國恥臉無光。入眼淒然失望。

## 定風波

中國音韻學會第七屆年會用東坡

兩兩輕紅半暈腮韻

兩岸交歡淚滿腮。今來盛會已三回。早識洋洋流水意。何爲。還將懷抱向君開。　嘉義來年春雨裡。勿已。諸公當勸酒中杯。更問座中諸學使。來歲。花開時節有誰來。

## 附・黃坤堯和作

### 定風波

奉和伯元夫子賦贈威海中國音韻學會年會作

臨別依依淚點腮。桃源夢短抱花回。揮手送行欽盛意，堪爲。論音述韻七輪開。威海雄疆相表裡。尚已。百年風雨慨深盃。舊學商量甘役使。隔歲。一簾春雨燕歸來。

### 少年遊

泛海夜遊登州古市蓬萊閣用東坡玉肌鉛粉傲秋霜韻

東坡風骨傲寒霜。世少鳳和凰。窮通不計，行藏在我，青史姓名揚。萬里飛來瞻往蹟，蘇公寺，好文章。

一瓣心香，千尋絕壁，爲欲謁賢良。

## 少年遊

遊山東半島成山角天盡頭用東坡銀堂朱檻麴塵波韻

成山角下海揚波。洄水似圓荷。千尋絕壁，登臨慷慨，時局幸平和。

卌年故國山河遠，雖夢裡，也謳歌。

好夢成眞，無邊美景，喜不負經過。

## 浣溪沙

青島海濱用東坡覆塊青青麥未蘇韻

柳葉垂絲似綴蘇。煙臺南下直馳車。海濱佳景世眞無。

別墅幢幢前日造，碧波滾滾浪淘珠。倉茫獨立一拈鬚。

## 浣溪沙

遊青島棧橋與小青島用東坡醉裡昏昏曉未蘇韻

大峽雄關眼欲蘇。爲觀琴島幾迴車。市街雅潔舊時無。海浪滔滔衝護岸，遊人歷歷似穿珠。苦吟誰識短髭鬚。

## 浣溪沙

齊魯道中遇早期受業諸生用東坡雪裡餐氈例姓蘇韻

齊魯途中眼始蘇。奔波萬里火輪車。歡能勝遇故人無。

握手相看皆舊識，寒暄未了語如珠。他鄉眞許攬桓鬚。

浣溪沙

濟南大明湖用東坡半夜銀山上積

蘇韻

往昔曾留大小蘇。濟南風物迓高車。大明湖景世間無。

名士多如江過鯽，奇文珍似海含珠。垂楊戶戶盡飄鬚。

浣溪沙

濟南趵突泉用東坡萬頃波濤不記

蘇韻

趵突泉中水似蘇。不辭萬里遠馳車。人間第一世眞無。

漱玉留妝清若鏡，浪花濺處滾明珠。秋風吹拂柳如鬟。

## 江城子

雨中遊曲阜孔府用東坡黃昏猶作雨纖纖韻

宣尼府第雨纖纖。濺窗簾。墜雕檐。隔海飛來，直欲揭門帘。聖學高深傳不盡，垂萬世，白鬚髯。達生夫子舊無厭。雪飛鹽。爲花甜。墊足窺窗，用物尚沈潛。狀似當年無改易，人已去，又何嫌。

## 滿江紅

偕內與添富中文志堅諸君初見黃河於濟南用東坡江漢西來韻

濁浪滔滔，東流去，河黃非碧。心激盪，中華命脈，相思顏色。未料此生終得見，豈能錯失如行客。與同行，攜手渡長橋，高談說。

治河史，曾經讀，千百載，徒歎惜。無人議栽樹，兩岸蕭瑟。倘廣植蒼松兼翠柏，陜甘黃土休疏忽。願後人，綠化兩高原，來群鶴。

# 和蘇樂府卷二

（起民國八十一年九月

至民國八十三年十月止）

## 水龍吟

偕內與添富中文志堅諸君登泰山

用東坡小舟橫截春江韻

泰山東峙神州，仰觀蒼翠彤雲起。往時夢見，今來登覽，神搖意醉。階石三千，齊煙九點，時飄泉水。幸身非老大，攀峰陟嶺。觀蒼莽，煙霞裡。　十八盤回峻遠，上天門，俯觀千里。玉皇頂上，摩崖碑下，呼來三子，絕頂登臨，群山渺小，此遊應記。料他年憶道，吾師不舍，乃能如是。

## 水龍吟

偕內與添富遊華清池西安事變舊地用東坡小溝東接長江韻

華清池畔煙霞，開元天寶風雲際。胭脂水滑，芙蓉帳暖，春宵夜市。既散朝綱，卒荒王度，釀成戎事。只河東羽檄，邊城夜火，刀兵起，無豐歲。　憶昔西安事變，恨張楊，二人同醉。戈矛相對，元戎當厄，紅翻天地。從此人間，遽成腸斷，變端匪細。若是非不定，薰蕕一器，我情誰寄。

## 江城子

西安古城用東坡夢中了了醉中醒韻

秦關漢月眼中醒。看分明。快平生。先世遺留，後代不須耕。我到西安尋往蹟，天作美，放秋晴。　登樓慷慨藉詩鳴。影斜傾。石階橫。原是皇都，王氣尚盈城。今日來遊當日境，眞樂事，慰餘齡。

## 南歌子　秦始皇兵馬俑用東坡日薄房花綻韻

秦帝宮廷麗，項王炬火輕。始皇兵馬隱郊坰。豈料今來正好看分明。　陶俑昂揚氣，色呈琥珀錫。萬人觀賞眼難清。都道中華文物不虛名。

## 定風波　萬里長城用東坡莫聽穿林打葉聲

韻

長城貫耳響雷聲。登高無懼且安行。木杖隨身如得馬。何怕。輕盈縱步快平生。絕頂臨風催我醒。非冷。人人逢見笑相迎。共道今來相會處。當去。長天萬里碧空晴。

## 浣溪沙

北海公園用東坡山下蘭芽短浸溪韻

北海公園碧滿溪。臨湖蹊路潔無泥。柳陰深處曉鶯啼。
往與中南三海侶，今來河水界東西。一聲報曉待晨雞。

## 西江月　北京大學蔡元培銅像用東坡照野瀰瀰淺浪韻

大度彌漫學海，聲名響徹雲霄。儒林祭酒實堪驕。勁立風中芳草。　民主當年播種，自由今日鳴瑤。胸懷磊落搭梁橋。應見晨雞催曉。

## 滿庭芳　應邀赴北京大學中文系演講用東坡蝸角虛名韻

北大聲名，如雷貫耳，算來卌載奔忙。瑤琴相接，敢不自雄強。縱天門龍已跳，青霄裡，莫放輕狂。應知曉，富才積學，方可騁辭場。　思量。當恁講，蘇公詩學，應不相妨。看挺然直節，水遠山長。盡奠基由小學，根深了，枝葉開張。英聲響，行雲流水，千載有餘芳。

## 滿江紅

北京頤和園用東坡憂喜相尋韻

北上京城，今來到，滿園芳綠。應只有，帝王幽賞，柳絲叢簇。好似西湖波瀲灩，昆明池水清歡足。像孤山，映雪斷虹橋，千竿玉。　長廊上，多屈曲。雕欄畫，如何續。珍奇隨筆染，彩圖星縟。今入眼，當年修上苑，異方競獻千尋木。萬花園，脩竹秀成篁，群鷗宿。

## 哨遍

北京紫禁城用東坡為米折腰韻

五代舊都，千歲麗宮，實是吾民累。成丕基，永樂奪君歸。闢宏規，前王非是。日未稀。鳩工庇材無數，勞民征集窮童稚。歎百業全荒，萬人無息，當年卻是如此。金碧漆雕扉。看殿閣，重檐盡翹飛。黃瓦紅牆，畫棟雕梁，匠人刻意。

噫。宏漢威兮。巍然獨立人間世。戎狄咸戰慄，群尊崇，帝王味。率萬國衣冠，八荒帥長，三呼萬歲春流水。聽聲震雲霄，餘音繳繞，瓊瑤珍玩多矣。又那堪，壽夭無定時。明已了，滿清更新之。復增華，百方千計。欲營皇家居室，往業難稱志。但隨心轉籌謀巧算，已是神搖意醉。永爲天子復何疑。料難知革命終止。

## 漁家傲　明十三陵用東坡些小白鬚何用染

韻

陵墓巍峨誰點染。至今猶作觀光點。遞代明清朝似箭。君莫厭。史家自有褒和貶。造室重巒人未敢。山陵從幸非虛忝。入地千尋多掩冉。皆有漸。帝王寥落莊嚴減。

## 定風波　景山公園用東坡雨洗娟娟嫩葉光

韻

景山高聳好風光。仙風吹下御爐香。翠柏蒼松斜日晚。

霞捲。滿城宮闕轉微涼。　亭號萬春人接踵。宜用。
登高俯瞰紫薇郎。更鼓逢逢沈寂夜。山下。紫金城裡月
迴廊。

## 洞仙歌

天壇用東坡冰肌玉骨韻

王侯將相，到天壇流汗。人力難窮天意滿。勢開張，氣
象雄偉莊嚴，當此際，肅穆心情匪亂。　仰觀天宇
大，萬里長空，夜色茫茫吞銀漢。不識世間人，碌碌營
營，因何故，未能心轉。看帝業，千秋萬年在，只瞬息
時光，已然更換。

## 念奴嬌

別北京用東坡大江東去韻

北京雄偉，到來後，瞻仰無邊風物。舊殿巍峨，縱目處，盡是黃樓赤壁。玉砌雕欄，飛檐殿闕，瓦屋寒堆雪。天壇開闊，消磨多少豪傑。　更有芳綠頤園，碧波叢樹繞，長廊花發。彩筆星稠，景無窮，銘刻心頭難滅。故國來遊，應欣不負我，滿頭華髮。此行如夢，還留池水明月。

## 念奴嬌

燕孫教授親至北京機場登機室道別用東坡憑高眺遠韻

先生碩學，似千尋樹葉，垂陰留跡。親自機場來送別，又見此心丹碧。鐵翼高飛，行將分手，仍繫心京國。非神常在，念中情事歷歷。　一似西蜀玄亭，花開萬簇，幸我身爲客。論誼自應參北面，宜早共陪朝夕。未料初逢，便蒙青眼，何異騎鵬翼。知音難遇，那辭吹斷橫笛。

## 南鄉子　香港機場別添富弟用東坡霜降水痕收韻

香海旅行收。默計同遊歷幾州。遠上泰山風正勁，颼颼。竭力攀登帝頂頭。　此去若爲酬。一月相陪度客秋。朝夕追隨情意好，稍休。來歲還將解我愁。

## 臨江仙　香港與坤堯伉儷暨兩朋郎共渡中

秋佳節用東坡夜飲東坡醒復醉韻

佳節今年香海過，興來亦欲遷更。持螯對酒喜嚶鳴。論文多意緒，相和有秋聲。　可憾蓬萊難執手，留詩四句牽縈。今來度節已心平。牙牙雙稚子，坐待月華生。

## 臨江仙

菅芒學運用東坡夜飲東坡醒復醉韻

衆士浮沉誰獨是，年來畫策紛更。菅芒學運響雷鳴。一言堂上定，無有不同聲。　國事蜩螗前景暗，堪嗟群醜營營。從邪惡直不能平。全民皆憤慨，怒向膽邊生。

## 附・黃坤堯和作

## 臨江仙　中秋喜迎伯元夫子師母度節

十五夜涼秋韻好，盈盈眉嫵初更。兩家同慶喜和鳴。圓圓天上月，皎皎見心聲。　北國壯遊眞快意，尋詩問學聯營。神州調合泰階平。燕孫情意厚，啖餅想先生。

## 減字木蘭花　敬悼高師仲華用東坡嬌多媚殺韻

聞哀痛殺。桃李滿園咸斂態。門不停賓。淚落浪浪十里嗔。　聲呑恨飲。世道居然情意恁。春日花紅。吾輩何尋往日風。

## 減字木蘭花　敬悼沈英名教授用東坡雙鬟

綠墜韻

文星隕墜。碧樹青山難復翠。辭彩蹁躚。一手瑰詞攬宋妍。斯文久困。怎抵淺人含墨噴。此後何歡。留取新聲細細看㊀。

㊀先生《新編增訂孟玉詞譜》甫刊版，哲嗣沈正鯤秉先生遺意郵贈一冊，而訃聞隨至，攬卷未終而淚已盈眶矣。

## 減字木蘭花

喜聞王丹出獄用東坡天真雅麗韻

山川靜麗。正欲才人施大慧。往日燋喉。鼓起雄風怎可收。重張譜曲。玉振金聲當再續。家國深情。滿酌金樽兩手擎。

減字木蘭花　郝揆去職用東坡柔和性氣韻

英雄志氣。盡有高人能識懿。不唱凡謳。自是宮中第一流。　名聲匪細。莫令胸懷如散髻。世上多情。應放春容百態生。

減字木蘭花　讀霜茂樓詩詞草並書畫選集

敬呈靜公用東坡天然宅院韻

寬宏宅院。內納球琳何止萬。眞樂眞知。論誼眞當北面之。　超人者四。書畫詩詞樣樣是。清賞成癡。悔不相逢早些兒。

## 西江月

第一屆國際詞學會議用東坡龍焙今年絕品韻

柳七紅牙素手，蘇公鐵板龍泉。雄豪婉麗兩詞仙。比翼翱翔藝苑。　兩岸交流不斷，卅年爭執方圓。英髦俊發各呈妍。傳雅終來識面。

## 菩薩蠻

第一屆國際詞學會議贈王水照先生用東坡碧紗微露纖摻玉韻

往日聞聲猶擊玉。今來望見如孤竹。老鳳試啼聲。遏雲歌響清。　迷蘇難夢醒。不覺寒燈冷。聊作苦吟人。還留泥雪痕。

## 醉翁操

景伊師逝世十週年學術研討會作

用東坡琅然清圜韻

潸然。珠圜。悲彈。失㮣山。人言。我公昔年光留天。
如今花葉娟娟。由不眠。放眼畫堂前。濟濟相聚來衆賢。
爲公高詠，聲響奔泉。弦歌未絕，無盡朝啼暮怨。聚石成爲山顛。大海寬容群川。思公年復年。公雖爲天仙。遺愛滿人間。請臨一聽心裡絃。

附·羅尚和作

## 醉翁操

景伊師逝世十週年學術研討會和

伯元兄用東坡琅然清圜韻

悽然。方圓。停彈。望龜山。微言。月光流照東鯤天。士林人共嬋娟。忽長眠。問字失尊前。十載追思黌舍賢。

聲徹重霄，淚徹重泉。音容宛在，討論欣代愁怨。積學巍巍峰巔。聚議滔滔長川。如公生之年。神歸天上仙。回憶函丈間。永懷風誼託朱絃。

## 附・王冬珍和作

### 醉翁操　景伊師逝世十週年學術研討會作

步伯元韻

悽然。難圜。空彈。仰高山。常言。師如北辰居中天。週遭星月娟娟。長不眠。想後又思前。作育英俊成大

賢。自師身後，哀淚如泉。恩情未了，豈止朝思夜
怨。翊贊章黃升巔。駿發言辭如川。今朝懷往年。歐公
眞靈仙。蘇子在人間。依然絳帳續歌絃。

## 附・沈秋雄和作

### 醉翁操

景伊師逝世十週年學術研討會與

伯元師同作用東坡琅然清圓韻

恢然。虛圓。輕彈。度關山。忘言。莊生得意逍遙天。
屋簷新竹娟娟。巖下眠。花墮滿堂前。絳帳相與懷此
賢。麈端駭玉，毫底驚泉。倏然脫去，淒絕當時鶴
怨。朝過崑崙之巔。暮宿桃枝之川。飛空無歲年。翁今

爲神仙。遺澤在人間。上庠風籟雜管絃。

附・陳慶煌和作

醉翁操　景伊師逝世十週年學術研討會

依然。珠圜。輕彈。掩屏山。難言。思公酒中聲聞天。祇今風月嬋娟。休醉眠。共聚講堂前。多士同禮焉昔賢。

指南嘯詠，音咽寒泉。浩歌未徹，空惹猿驚鶴怨。誰復登群峰巔。挽逆流而歸川。枉教長少年。公應隨坡仙。相伴五雲間。想當能聽此心絃。

附・文幸福和作

醉翁操　景伊夫子逝世十週年敬步伯元師

原玉。

淒然。明園。輕彈。對青山。無言。芙蓉握持朝雲天。瓣馨風散娟娟。縱長眠。事業已光前。千仞宮牆崇達賢。

悲歌孰詠，聲繞寒泉。懷人憶事，多少猿啼鶴怨。萬卷蟠胸崖巔。杯酒豪情河川。蛻蟬經十年。玉京今為仙。絕學在人間。餘音幸有繼朱絃。

## 附・陳文華和作

### 醉翁操

景伊師逝世十週年伯元師賦詞傷悼，辭情感人，因步原玉，聊當驢哭云爾。

淒然。淚圜。深彈。哭尼山。爭言。依稀典型齊雲天。後先師弟嬋娟。競芊眠。仰首可瞻前。不愧夫子七二賢。

亦曾侍詠，風浴雩泉。亦曾侍坐，空對山悲水怨。山圮兮頹其巔。水落兮回其川。唯公千萬年。高名過群仙。澤溉杏壇間。但聽言偃割雞絃。

## 附·許琇禎和作

### 醉翁操　景伊師逝世十週年步伯元師韻

淒然。心圜。傷彈。繞春山。聞言。情眞識宏超人天。智術文采娟娟。身已眠。藝苑杏壇前。不朽聲義淩衆賢。

沐風櫛雨，恩澤如泉。仰思想望，常恨蒼天妒怨。佇立清和神巔。俯瞰光華晴川。孜孜將百年。爲尊於群仙。猶似在人間。李桃處處述徽絃。

附·劉昭明和作

醉翁操　景伊太夫子逝世十週年紀念步伯元師韻

鏗然。清圜。珠彈。仰高山。咸言。此翁器識源於天。勁竹孤月嬋娟。書伴眠。萬卷在胸前。筆落翻江追古賢。

執經問字，詞若奔泉。有容乃大，清濁賢愚寡怨。桃李蒼蒼盈巔。化雨綿綿如川。儀型千萬年。風襟齊坡仙。精魄在雲間。永聽人世懷思絃。

附杜忠誥和作

醉翁操　伊太夫子逝世十週年紀念步伯元

師韻

瑩然。智圓。清彈。若斗山。不言。我公行履自如天。往時思共嬋娟。公已眠。徘徊遺墨前。後生小子仰先賢。　而今空詠，遙想靈泉。斯文未墜，願望今行曷怨。桃李皆躋標巔。豈讓長流深川。滿堂癡少年。恨公早成仙。翹首望雲間。縹緲似聞公心絃。

附吳玉如和作

醉翁操　景伊太老師逝世十週年紀念步伯

元師韻

巍然。神圜。詞彈。仰高山。聞言。宮牆木深將齊天。玉醅風露娟娟。竟長眠。化雨杏壇前。絳帳春日栽衆賢。孔鐸吟詠，枯澗生泉。天人合德，蒼昊無情歎怨。悵惘思攀雲巔。極目棠陰成川。輝光流萬年。公雖從喬仙。遺愛頌人間。往追足跡續琴絃。

## 附．王立霞和作

### 醉翁操

景伊太老師逝世十週年紀念步伯元師韻

惋然。心圜。哀彈。墮泰山。群言。先生昔時心齊天。

遺留江月娟娟。雖長眠。杯酒酹樽前。代代菁英悼大賢。
弦歌聲詠，追慕如泉。開來繼絕，拚卻此生莫怨。叢木鑽仰高巔。群流匯集成川。幽芳萬斯年。鶴翔九嶷仙。遺愛在人間。應慰古虔繼管絃。

## 附·張素貞和作

### 醉翁操

景伊太老師逝世十週年紀念步伯元師韻

鏗然。珠圓。輕彈。迴空山。人言。我公柏筠參長天。宏文珠筆翩娟。醒龍眠。閬閬畫堂前。幾度私淑懷達賢。
冷風殘照，幽咽奔泉。光風逸韻，無限哀惋慕怨。化育功逾山巔。博學汪涵群川。芳流千萬年。程門多才仙。桃李滿人間。帳前依舊續歌絃。

## 附・陳嘉琦和作

### 醉翁操

景伊太老師逝世十週年紀念步伯元師韻

錚然。清圜。悲彈。響空山。師言。風猷懋彰鴻如天。古來難久嬋娟。思未眠。望眼杏壇前。造就桃李無數賢。

思公吟詠。聲咽流泉。碩儒去後，濟濟生徒歎怨。松屹危山雲巔。月映千江群川。恩情無盡年。公今成飛仙。典範立人間。猶留我師和音絃。

## 附·翁淑媛和作

醉翁操　景伊太老師逝世十週年紀念步伯元師韻

依然。深圜。傷彈。滿空山。皆言。惟公德風高齊天。夜闌清露娟娟。人不眠。悢悢倚窗前。把酒何處尋此賢。

昔年承教，聲動流泉。當公去後，常有朝悲暮怨。勁松蒼於山巔。大海西迎來川。餘芳千萬年。公雖成飛仙。留愛在人間。杏壇時奏頌歌絃。

## 附·王吟芳和作

醉翁操　景伊太老師逝世十週年紀念步伯

元師韻

淒然。聲圜。空彈。滿荒山。常言。仙翁勁節高如天。幽窗新月娟娟。照長眠。睹物憶從前。桃李相聚思此賢。

昔年唱詠，神御飛泉。如今響絕，徒使悲鴻泣怨。味永孤吟山巔。識廣涓滴成川。蘭馨年益年。翁功成登仙。妙華立人間。細聽後生訴心絃。

附・劉美智和作

醉翁操

景伊太老師逝世十週年紀念步伯

元師韻

昭然。光圜。咸彈。仰高山。聞言。大師布恩寬如天。

栽培桃李娟娟。長不眠。試看杏壇前。盡是當日傳後賢。　愀然思憶，聲似流泉。音容已渺。萬谷空聞幽怨。學術今成崇巔。教澤綿綿長川。流行千萬年。公今列群仙。遺惠在人間。聆聽孔鐸動心絃。

## 附·彭素枝和作

### 醉翁操　景伊太老師逝世十週年紀念步伯元師韻

茫然。光圜。傷彈。愁如山。長言。我公昔年才衡天。於今學子娟娟。對愁眠。念誨訓於前。正識師誨不厭賢。　爲公思詠，情正如泉。恩情不絕，學子生前不怨。就學涯已達巔。巨聚長河大川。思公年復年。公雖然成仙。桃李滿人間。請看生徒未絕絃。

卜算子

海峽兩岸黃侃學術研討會用東坡缺月挂疏桐韻

學術有章黃，異說方能靜。濟濟群英道本師，莫脫蘄春影。流派叙從頭，來歷人皆省。海峽風波看漸平，攜手情非冷。

卜算子

喜晤王小莘教授用東坡缺月挂疏桐韻

往聽許師言，學海波澄靜。當代無人可比肩，兩岸傳聲

影。論道溯根源，初識端詳省。了一先生有女孫

㈠，相對情難冷。

㈠先師許詩英（世瑛）教授與董同龢先生同受業於了一先生，余於大學修讀聲韻學時，詩英師即以董著《中國語音史》相授，故論學術淵源，實亦遠紹了一先生者也。王小莘教授，了一先生孫女也。

## 滿庭芳

偕內與添富仲溫二子遊重慶用東坡三十三年今無存者韻

抗戰陪都，中樞司令，看枕山又鄰江。天然形勢，當日確無雙。還見防空洞穴，山城路，簇簇門窗。元戎好，運籌無失，終以救吾邦。　　摐摐。聲響處，東瀛鐵

彈，震宇摧幢。晝煙火迷濛，化作平矼。此日初來攬景，如夢裡，猶對殘釭。遊觀後，情懷激盪，心鼓久逢逢。

## 水調歌頭

偕內與仲溫添富二子遊酆都鬼城用東坡落日繡簾捲韻

長江東逝水，濁浪欲滔空。忽然來到，人世陰府燭搖紅。行過陰陽橋畔，走進酆都城裡，踏雪似飛鴻。名山天下曉，鬼域有無中。　路高低，人影動，越山峰。閻羅殿上，綠眼赤髮鬼成翁。堪笑陰間地獄，未醒渾人迷夢，誰弱又誰雄。滿屋蕭森氣，到處起陰風。

## 蝶戀花

偕內與添富仲溫二子遊小三峽用東坡別酒勸君君一醉韻

碧浪搖天如酒醉。兩岸青山，欲抱青龍婿。覓石遊人喧若市。一心圖利無餘子。

龍門巴霧地。三峽奇雄，誰是詩人帥。海筆如椽書舊事，秋興八首留名字。

## 醉蓬萊

偕內與添富仲溫二子遊長江三峽用東坡笑勞生一夢韻

看夔門一峽，千頃翻波，轉環迴九。風響颼颼，髮飄如蓬首。齊集船頭，競觀江鎖，怎斷江堅守。暮暮行雲，朝朝淚雨，陽臺依舊。

巫峽猿鳴不再，諸葛八陣難

覓，細聽三嗅。船到西陵。見岸旁桑柳。高壩成湖，碧水盈滿，竹節沈江口。尙見黃牛，緊依崖壁，饗民芳酎。

## 好事近

遊黃陵廟用東坡紅粉莫悲啼韻

鼓浪向前行，峽口黃陵叙別。夏禹闢山開峽，有瑤姬心切。　黃牛水面廟巍然，往來見舟楫。楚蜀歡聲雷動，祭神絲簧咽。

## 西江月

葛州壩用東坡點點樓頭細雨韻

往日灘稠竹節，今來峽斷平湖。舟行碧水覺安徐。設閘終能開浦。　壩上遊人如織，艙中旅客相扶。相逢一瞥只須臾。懷舊人同終古。

## 定風波

與仲溫添富歷覽三游洞用東坡常羨人間琢玉郎韻

白傅弟兄元九郎。三游洞遇紫雲娘。佳句吟成傳皓齒。詩起。蘇家父子寫新涼。我與生徒三老少。談笑。今來亦欲與分香。碧水奇峰風景好。齊道。他年居此作吾鄉。

### 附・李添富和作

## 定風波

敬和伯元師歷覽三游洞用東坡常羨人間琢玉郎韻

顧曲先生與二郎。三游洞遇竹枝娘。一曲巴歌微露齒。興起。清音注耳沁心涼。　信步尋幽猶健少。言笑。蘇公詩句總留香。元白辭章深淺好。吟道。爲文宜習此新鄉。

## 附・孔仲溫和作

### 定風波

和伯元夫子與仲溫添富歷覽三游洞用東坡常羨人間琢玉郎韻

夫子周遊攜二郎。三游洞外遇巴娘。朗朗歌聲傳皓齒。興起。師徒相繼詠新涼。　作賦吟詩無老少。咸笑。今臨勝地欲分香。元白蘇公詩任好。群道。眞宜將此作家鄉。

## 鷓鴣天

與添富仲溫向東治平諸子遊漢上

琴臺用東坡林斷山明竹隱牆韻

漢上琴臺萬仞牆。暮春秀色滿林塘。知音自古皆難遇，流水高山白雪香。

龜嶺上，大江旁。匆匆一顧又殘陽。伯牙舊雨逢今夕，詩興高時客夢涼。

## 十拍子

黃侃紀念館奠基典禮用東坡白酒

新開九醞韻

舊學商量邃密，新知恰似春陽。建館追懷彰素業，破土今來量守鄉。風徽歲月長。

弟子分居兩岸，眞儒學

富馨香。衣鉢傳人盈四海，難怪先生昔日狂。先生足可狂。

## 南歌子

重遊東坡赤壁用東坡衛霍元勳後韻

兩謁東坡館，全由蘇子賢。先生到處是靈山。瞻仰高風亮節欲年年。

二賦堂中詠，清風明月天。今來拜倒畫堂前。一瓣馨香呈獻石雕邊。

## 瑤池燕

偕內與添富仲溫遊晴川閣用東坡飛花成陣春心困韻

晴川李白詩猶困。搜盡枯腸，難以澆悶。休提問。黃花白酒羞紅粉。

鳳凰臺重寫新韻。遠追趁。有誰堪解

憂愠。斑雙鬢。萋萋歷歷多少恨。

## 滿庭芳

過港不入坤堯有詞相責賦此以答

用東坡歸去來兮吾歸何處韻

江夏黃童，仁情深厚，逸思峰嶺嵯峨。獅山攜手，鬥酒論詩多。去後匆匆四載，依然是酒賦琴歌。香城憶，沙田夜宴，同上八仙坡。

當何。旗易後，豪情若在，應化龍梭。幾時鯉魚門，重賞清波。西貢青蔥滿眼，他日願莫剩空柯。千般意，雷驚電閃，密雨打篷蓑。

# 附．黃坤堯和作

## 滿庭芳

伯元夫子過港不入（癸酉）

萬里雲天，新詞麗句，詩人老境嵯峨。長江來去，佳興故園多。膜拜蘄春故墓，低迴處，幽咽悲歌。二三子，青山一髮，心事紹東坡。　如何。相送罷，沙田無賴，日月如梭。儘詞事凋零，不惹微波。世道心情漸改，淒涼意、難植柔柯。江湖遠，羲皇有夢，掩卷夢輕蓑。

## 西江月

香山碧雲寺謁國父衣冠塚用東坡別夢已隨流水韻

卌三年如夢寐，兩行淚若奔泉。丹誠那管隔人仙。遠到香山碧苑。　柳葉隨風搖曳，槐陰似蓋團圓。青峰綠水景清妍。且喜今來覿面。

## 漁家傲

陪和年伉儷同遊蘆溝橋用東坡千古龍蟠並虎踞韻

龍虎蘆溝相對踞。當年抗日交鋒處。血肉長城飛血雨。強寇渡。傷心往事常盤住。烈日炎炎無片霧。橋頭攜手迴龍馭。遠望青茅雙白鷺。神仙侶。翱翔非久仍離去。

## 浣溪沙

文丞相裔孫捐款重修天祥祠用東坡學畫鴉兒正妙年韻

丞相捐軀正壯年。千秋正氣尚依然。人間際遇有因緣。

棗樹南枝仍嫋嫋，裔孫正統亦娟娟。重修祠館總情纏。

浣溪沙　石家莊喜晤龍莊偉用東坡一夢江湖費五年韻

昔遇終軍正妙年。石家莊見貌依然。人生應信有前緣。
葩會不辭途遠近，使君高奏月嬋娟。怦然心動小詞纏。

附·夏傳才和作

浣溪沙　奉和伯元原韻

宏論初聆勝十年。先生名世信當然。詩經盛會慶因緣。

燕趙相逢惜時短，送君西去月娟娟。風搖花影總情纏。

## 虞美人

趙州天下第一橋用東坡波聲拍枕長淮曉韻

水泥鋼骨無人曉。莫謂工程小。長跨趙水歲華流。久閱千年依舊傲神州。

開皇夜月照人醉。多少興亡淚。誰令碑石倒塵埃。可恨無端災禍破天來。

## 行香子

曲陽謁北嶽廟用東坡北望平川韻

壯麗山川。十八盤彎。與朋儔攬勝開顏。輕車上路，曉霧侵鬢。往曲陽州，玄嶽廟，太行間。

丹青妙畫，

飛天神將，構圖嚴緊得吳閒。小鬼無識，搗毀神山。見德寧殿，碑盡裂，碎心還。

## 如夢令

定州去來用東坡水垢何曾相受韻

聞說東坡昔受。勝蹟居然無有。躑躅定州城，終究還須伸肘。揮手。揮手。蘇子何勞清垢。

## 如夢令

龍洗用東坡自淨方能淨彼韻

淨手方能用彼。用後居然冒氣。請看水興波，盆裡還能嬉戲。且洗。且洗。莫管皇家一切。

## 浣溪沙

太行山用東坡細雨斜風作小寒韻

山後山前暖異寒。驅車急駛過長灘。時穿隧道路漫漫。

疊石千層眞險峻，峰峰相接路旋盤。太行行盡覺顏歡。

## 滿庭芳

抱犢寨用東坡三十三年飄流江海韻

泰岱之雄，崑崙之壯，旌旗飄拂似揚帆。我心沈醉，應莫負青衫。抱犢山寨險要，登高處遠隔塵凡。英風起，淮陰赤幟，士卒盡枚銜。　巉巉。形勢好，千峰競秀，百丈懸巖。背水土門關。桃葉攕攕。世運興衰顯兆，枯秀相攙。臨觀罷，心中祝願，多植柏松杉。

## 水龍吟

登恒山用東坡古來雲海茫茫韻

陰山疊嶂重重，玄宗更在崇高處。大同東向，峰迴路轉，雲翔霧翥。五嶽之中，恒山最峻，絕非閒語。看蜿蜒塞上，奔騰起伏，似龍躍，拿雲馭。乘馬攀登絕頂，望長天浮雲飛絮。峽山煙雨，斷崖啼鳥，蓬萊何許。嶽頂松風，披襟相對，樹前蹲踞。已遊觀盡興，攜妻與女，欣然離去。

## 滿庭芳

偕妻女遊太原雙塔公園用東坡歸去來兮清溪無底韻

雙塔高崇，太原標幟，上接霄漢峨峨。下臨永祚，園裡牡丹多。品種姚黃魏紫，眞堪詠富貴高歌。尤難得，置身修潔，心愛此清坡。云何。全大陸，人頭鑽動，到處亂如梭。看樹影多姿，囂浪平波。一覽迴廊碑刻，更足以執伐其柯。遊觀罷，唐碑晉帖，拓版尚留蓑。

南鄉子

題伯時弟藏龍坡丈人墨寶用東坡千騎試春遊韻

汗漫搭鯨遊。屈玉垂金到處收。無耐能開花頃刻，常留。亦點桓玄寒具油。　光動下仙毬。抉石奔泉萬古流。鳳舞龍坡千丈外，剛柔。書藝自應冠此州。

南鄉子

大同雲岡石窟用東坡繡鞍玉環遊韻

北上大同遊。石窟精雕不勝收。十丈彌陀呈寶像，誰留。細琢難言繼晷油。　菩薩飾珠毬。光豔紅輝尚欲流。佛像慈祥留百態，剛柔。應屬中華第一州。

## 南鄉子

大同華嚴祠用東坡未倦長卿遊韻

塞外欲詳遊。佛寺華嚴美曷收。寶殿莊嚴唐代造，還留。信衆今來尙獻油。　僧廟吊飛毬。和尙撞鐘歲月流。快剪亂絲煩惱去，輕柔。莫笑幷州是舊州。

## 漁父

往返同晉道中四首用東坡漁父飲醉醒笑四首韻

同晉道，乘車去。兩岸黃泥天付。高粱玉米滿田疇，可惜難論錢數。

車急走，人搖舞。聞說海東來路。上前爭問有緣由，羨慕世間異處。

同路客，當晨午。水面如逢飛絮。神州風景尙依然，總覺今人非古。

黃土上，煤灰舉。到處如同飛雨。神州物產總然豐，卻恨無人營度。

## 菩薩蠻

夜宿平城有感用東坡買田陽羨吾將老韻

平城夜宿秋將老。飛臨爲賞春光好。來往若虛舟。情鍾故國遊。

漢高輸一著。七日方歸去。寫景欲吟詩。偏多感慨時。

## 蝶戀花

漢語言文化學術會議用東坡雲水縈回溪上路韻

萬里間關多少路。穿越溪山，一意將心注。夜宿晉祠聞曉鷺。囂塵不染眞佳處。　舊雨新知相見語。盡道區區，文化交流去。兩岸精神融一畝。胸懷自有新情趣。

## 蝶戀花

晉祠用東坡自古漣漪佳絕地韻

虞叔受封原始地。周柏隋槐，難老泉無比。黃土高原塵那洗。晉祠善利寒泉水。　廟會人群喧若市。魚沼飛梁，聖母宮峨起。到此遊時如酒醉。不孤來路三千里。

## 水調歌頭

賦謝桂林詞家賜和拙稿桂林山

水三閡用東坡昵昵兒女語韻

八桂山水窟，三閡已初明。灘江清澈無匹，蘆笛響金聲。玉筍重重疊疊，入眼千形百態，未覺洞難行。乘興探尋遠，信步極幽冥。　持寸莛，撞鐘罷，已雷鳴。桂林詩老詞伯，舉重一如輕。麗藻珪辭蜂出，似錦佳篇迭現，相祝八風平。何日攜樽酒，細與衆君傾。

## 水龍吟

余六十初度靜公寵錫春山瑞松圖為賀賦此致謝用東坡似花還似飛花韻

歲華天際飛雲，逐長風片片飄墜。初回甲子，方如一夢，頻增感思。細想人生，逡巡榮落，循環開閉。往栽蘭育蕙，春風煦煦，衆芳發，歌聲起。　最感我公青眼，賜春山瑞松高綴。盤根挺節，寒思顏色，莫能風碎。不作狂花，不爲飄絮，畫成流水。直奔騰到海，滔滔不絕，瀉余清淚。

**附·黃坤堯和作**

水龍吟　奉賀伯元子六十花甲

嵩雲佳氣呈祥，春風涼靄繁霜墜。芳菲競豔，青蔥裁錦，流霞綺思。追琢文林，壅焙詞苑，微言深閉。更論聲析韻，抄書暴富，振高鐸，人驚起。　喜見斗回周甲，慶今朝壽康眉綴。蒼松挺秀，孤標江表，金甌補碎。膏雨停雲，裁成桃李，高山流水。愴時艱，莽莽河山萬里，有英雄淚。

## 滿庭芳

歲暮有懷夏傳老賦謝惠詞三闋用東坡香靉雕盤韻

抱犢雄關，淮陰功業，欣看北地風光。主人深意，詩學飾新妝。九域迎來勝客，逞才學人競褰裳。歡聲罷，濃情厚意，餘韻尚飄颺。

新詞三闋到，迴環絡誦，應佩徐常。生涯昔淪落，痛斷肝腸。大劫隨魔共逝，此後弄春歲年長。應能見，波靜海峽，天下樂陶唐。

## 西江月　讀藥樓詩稿用東坡莫歎平齊落落韻

婦貌人皆讚賞，君才我所欽遲。蒼天竟有妒人時。佳藕飄零暫寄。　三百篇詩經眼，悼亡四憶裁辭。書碑欲寫放生池。喚醒百年沉醉。

## 定風波　有懷浸會學院謝志偉校長用東坡月滿苕溪照夜堂韻

獅子山前大會堂。每年碩博鬥光芒。三十年間園囿裡。勤事。栽成桃李已陰涼。　言志留詩同舊醉。仍是。依然相憶九龍鄉。開展鴻圖誰得似。看取。君家太傅有機張。

點絳脣　登阿里山用東坡我輩情鍾韻

阿里山高，花開正值櫻桃宴。輕雲廣甸。蒼翠增巖觀。
茶樹青青，伐木今強半。重巒遠。舊林淩亂。經眼
如驚鴈。

附·伏嘉謨和作

點絳脣　阿里山觀日出

杖履名山，春宵稍異桃園宴。遙揮夏甸。祖德傳東觀。
萬木雲深，萬里塗方半。朝暾遠。金丸光亂。驚斷
天邊鴈。

## 臨江仙　祝山觀日用東坡多病休文都瘦損韻

四點矇矇天未曉，己經到處伸腰。森林氣爽逐人飄。人聲如入市，汽笛若吹簫。　駐足祝山觀日出，遊人滾滾如潮。天邊霞彩更嬌嬈。金球方湧現，瞬即躍青宵。

## 南歌子　阿里山神木用東坡山與歌眉斂韻

神木三千歲，清溪萬古流。今來攀越若登樓。淸淺蓬萊身在海南州。　鐵道登山路，仙航竹葉舟。迂迴曲折到山頭。一日盤旋人去意還留。

附・伏嘉謨和作

## 南歌子　觀阿里山神木

山木緣神貴，沖霄翠欲流。梯山似上仲宣樓。如水姑娘小杜夢揚州。
攀躋火車路，何如逆水舟。獨株支廈白雲頭。多謝斧斤赦汝晚雲留。

## 南歌子　攜內投宿阿里山賓館用東坡古岸開青葑韻

阿里山顛上，清泉日夜流。今來投宿在高樓。簇簇繁櫻如見海西洲。
三十年相處，安危共一舟。扶持白髮已盈頭。相伴相攜蜜意永長留。

## 減字木蘭花　阿里山登山火車用東坡雙龍

對起韻

青蔥蔚起。一列蒼龍煙翠裡。花樹飄香。百轉千迴山路長。叢林風軟。紅檜高楠遮蔭晚。曉霧塵輕。健步林間拾落英。

附·伏嘉謨和作

## 減字木蘭花

別阿里山

清遊快起。飛動腰間輕霧裡。幽谷泉香。觀日心情夜半長。黃鸝喉軟。隔葉嚶鳴如晚。歸路身輕。健步林間拾落英。

## 鵲橋仙

海外遙聞故鄉王龍廟盛會用東坡

乘槎歸去韻

我思歸去，故鄉何在，夢裡桃江蕩漾。王龍廟會盛空前，四十五年前川上。
曾聞舊曲，今塡新韻，世局已逢開放。可憐無計定歸程，卌載何從尋畫舫。

## 點絳脣

讀金伯叔王龍廟廟會紀盛詩用東坡不用悲秋韻

無限鄉情，年年託夢尋歡宴。如今禹甸，修復諸神觀。
遙想當年，仕女常相半。旌旗遠。心聲先亂。空羨爭歸鴈。

## 點絳脣

余應聘中山大學中文研究所任宋

代文學專題研究一年授課已畢臨別賦此贈諸生用東坡莫唱陽關韻

壇坫經年，殷勤聚會同清宴。辭場藻甸。宿願承東觀。新火添薪，道統憂中半。千秋遠。那堪淩亂。且學爭鳴鴈。

## 好事近

甲戌端午用東坡湖上雨晴時韻

端午粽飄香，爲念屈原沈沒。詩寫壯懷高節，感時添華髮。今來家國暗雲屯，情傷汨羅月。觸景朗吟哀些，更心中搖兀。

## 漁家傲

香港大學第一屆左傳國際學術會

議用東坡送客歸來燈火盡韻

褒貶春秋書不盡。先徵從雨從風暈。莫道風潮無定準。船平穩。自由民主聲聲近。

往日屠城千古恨。全球億萬華人慍。論學同源難久困。頻探問。寒濤那可長無信。

## 附·黃坤堯和作

### 漁家傲

華南水災寄伯元夫子（甲戌）

滾滾西江流不盡。怒濤沈陸波光暈。夢裡佳期無定準。危城穩。殘山剩水三年近。

離聚無常寧有恨，神州北望天心慍。月冷香江添酒困。多存問。關河未忍慳詩信。

浣溪沙　珍珠港用東坡雪頷霜髯不自驚韻

大戰前宵夜不驚。珍珠港內艦繁榮。一朝盡失美人楨。今日重來尋往事，竟容倭寇道尊兄。交情密許訴卿卿。

浣溪沙　夏威夷茂宜島國父和興會用東坡料峭東風翠幕驚韻

天地掀開世震驚。先生一出顯尊榮。滿洲辱國國人楨。腐敗政權終剷去，邦人相慶事恩兄。茂宜島上謁公卿。

## 浣溪沙

夏威夷活火山用東坡陽羨姑蘇已

買田韻

大島新成萬頃田。火山噴火亦因緣。熔漿流入海中天。

冉冉雲煙旋化雨，山頭滋潤樹悠然。蘭花之島萬斯年。

## 西江月

檀香山威基基海灘用東坡公子眼

花亂發韻

且看藍天碧海，休關榮辱窮通。晴空遠送錦帆風。到此如同一夢。

中外如雲仕女，沙灘曬得通紅。身材修短與纖穠。逐浪隨波浮動。

## 西江月

駕車失控用東坡小院朱闌幾曲韻

教練場中幾轉，長街小巷全通。心情愉悅似春風。竟是成眞好夢。　右轉歸來得意，誰知壓碎殘紅。鄰家院樹本陰穠。折斷青枝猶動。

## 西江月

內家銀泉團聚用東坡怪此花枝怨泣韻

五世同堂豈少，近來不易相通。老人心境似和風。圓了今生大夢。　白髮相扶歲久，青春自是顏紅。全家團聚總情穠。且把筆鋒揮動。

## 木蘭花令

威廉斯堡金斯美度假中心用東

坡知君仙骨無寒暑韻

美東氣候方炎暑。百里長驅時日暮。三言兩語事攸宜，不論新知和舊雨。晨來人逐高球去。夜幕來臨蟲泣訴。精神身體兩俱弛，好個休閒投宿處。

## 虞美人

參觀美國海軍諾福克基地用東坡

歸心正似三春草韻

艨艟海上多如草。形勢誠非小。岸邊軍艦向人開。諾福港中黃石客長來。航空母艦人咸愛。放眼雙雙在。雄師無敵已難同。任他碧波千頃破長風。

## 臨江仙

接善元兄函賦此相贈用東坡一別

都門三改火韻

昔日艱迍如墜火，難忘往事前塵。天涯相語感春溫。情懷猶似舊，清節若松筠。　四十年來消息斷，江東渭北晴雲。鯉書頒到笑含嚬。百年今過半，未負讀書人。

## 八聲甘州

訪開明賓州敘舊用東坡有情風韻

喜憑風，萬里渡洋來。依依駕車歸。算賓州官道，君家庭院，幾度斜暉。總角交情卅載，莫道是還非。誰似君和我，永夜忘機。　記昔年除前夕，始遷來北地，未識煙霏。任茫茫夜幕，伴露濕星稀。憶當時，君來我往，欲年年，相得莫相違。天能解，人間離別，淚滴裳衣。

## 西江月

鹽湖城用東坡昨夜扁舟京口韻

次子癡情可感，老夫遊興初安。此身原本不居官。方了湖山公案。　峻嶺千重複疊，鹽湖萬頃非難。微風起處湧波瀾。佳景憑誰識斷。

## 臨江仙

南達柯達四總統雕像用東坡我勸髯張歸去好韻

雕像人皆瞻總統，民胞物與關情。高標能令八風平。古今豪傑在，誰可併肩行。　開國於今年二百，泱泱國富民榮。黑巖嶺上此攀登。肅然眞起敬，景慕自心生。

## 木蘭花令

懷俄明道中夜行呈伯英姑丈韻

薇姑母用東坡霜餘已失長淮闊韻

夜深方識懷俄闊。峻嶺縈迴聽水咽。道中相憶簡齋詞，邦國存心難可抹。扶持白髮路無滑。細算年齡旬過八。此行一事應難忘，翹首團圞三見月。

## 減字木蘭花

鹽湖城摩門教堂用東坡春庭日舞韻

時方近午。往訪摩門堂步舞。樂韻縈廊。間雜群花沁異香。無雲無霧。入眼無塵清淨處。滿院晴光。挑動詩人九轉腸。

## 滿江紅

遊黃石公園贈內用東坡清穎東流韻

攜手同遊，形猶似，雙飛並翮。身到處，青山綠水，萬重千疊。回憶結縭三十載，離多會少情蕭瑟。到而今，方享老來妍，生華髮。　一樽酒，訴君側。當年事，從頭說。珍重懷中影，團團圓月。應把舊時離別恨，重開新境添春色。更與卿，歲歲賦新詩，吟春雪。

## 浣溪沙

遊黃石公園贈蘄兒用東坡芍藥櫻

桃兩門新韻

欣喜吾兒設意新。名園歡會度芳辰。桂林秋色武林春。
雲霧騰騰泉老實，野牛處處草沾脣。湖平如鏡映遊人。

## 減字木蘭花

遊黃石公園贈楠媳用東坡回
風落景韻

名園勝景。且幸終能留我影。兒媳推微。八月秋風一葛衣。
雷驚耳醒。千丈飛瀾觸石井。喜色頻麾。夕照霞光赤透肌。

## 生查子

遊黃石公園老實泉用東坡三度別

君來韻

三度到西洲，每別添遲暮。且喜健強身，黃石同遊去。

老實號名泉，噴水如春霧。四座盡人群，爭向泉邊路。

## 青玉案

遊黃石公園贈蘭兒用東坡三年枕

上吳中路韻

三年一別銀春路。遊黃石，攜兒去。萬頃碧波何可渡。飛來群鷺。森林火後，放眼焦黃處。

青青一片松林暮。每憶前人堪畫句。細訴野牛牛幾許。滿山銜尾，後先相接，濺水成飛雨。

戚氏

黃石公園用東坡玉龜山韻

落磯山。綿延東走境如仙。碧草鋪茵，蒼松盈嶺，穿雲煙。身閒。意悠然。亭亭山石水涓涓。千尋瀑布傾瀉，奔騰直到海西邊。枯木成片，焦林滿目，火燒千里方圓。看靑靑嫩葉，萌發新綠，重寫芊綿。

嶺畔暫息鞍韉。停車四望，麋鹿戲芝田。巨熊在，牛絡繹，鴻雁翩翩。衆仙筵。百鳥鼓舌調絃。樂奏玉帝鈞天。童顏白髮，碧眼方瞳，人人欣賞淸妍。攜手常開口，悠然自樂，喜頌椿年。

黃石公園好景，實難窮，不捨試留連。衝雲吐霧盡溫泉。應時不輟，直上衝霄漢。望碧湖，綠水知深淺。興方濃，忘卻人寰。夜幕垂，車首東還。道崎嶇，駿馬快揚鞭。看來時路，依稀勝景，不斷呈妍。

## 歸朝歡

韓國諸生歡宴於漢城用東坡我夢扁舟浮震澤韻

昔日臺灣留教澤。卅載光陰吾髮白。漢城歡聚及門人，依然相望宮牆壁。笑聲時接淅。竟忘身是客。喜陶陶，酒樽頻舉，孰謂空抛擲。　壇坫殷勤群講席。聽我歌詩動胸臆。中韓兄弟舊交邦，追隨璽畔思顏色。此情難再得。同文一會欣無極。道東傳，諸生相繼，誰信成疏隔。

## 木蘭花令

遊東京灣用東坡梧桐葉上三更

雨韻

當年血戰驚風雨。孰識今宵攜手處。東京灣上月初斜，穿梭船駛如機杼。　憑誰暗記來時路。十五橋頭遍歌舞。高樓大廈聳雲霄，心裡翻騰千萬緒。

## 浣溪沙

鶴岡八幡宮用東坡羅襪空飛洛浦

塵韻

秋雨秋風一洒塵。鶴岡景色漸宜人。八幡宮殿舊存眞。

魏紫姚黃憐芍藥，神苑園庭未見春。太湖山石尙時新。

## 臨江仙

參觀日本皇宮用東坡九十日春都過了韻

六十年華均過去，到此閒遊。青松綠草總含愁。當年龍虎鬥，勝敗若拋毬。　華夏如今猶黯淡，怎教江水西流。東來王粲怯登樓。繁榮非我土，歸去更多愁。

## 殢人嬌

明治神宮用東坡白髮蒼顏韻

明治維新，乃啓繁華世界。雖三島，縱橫無礙。整軍經武，大生光彩。這功業，千秋萬年永在。　反顧神州，變端多態。風雷起，皺眉顰黛。那來英傑，一挽頹瀾堪佩。使國富民豐，山河如帶。

## 西江月　登東京鐵塔用東坡玉骨那愁瘴霧韻

鐵塔淩霄隱霧，遊人兩耳生風。瞬間身已入雲叢。靠近天邊鳴鳳。　科藝常無詩趣，離群少脫塵紅。囂聲猶在雅音空。還與俗情同夢。

## 減字木蘭花　東京銀座用東坡春牛春杖韻

無須扶杖。蟻術橫經東海上。寫景難工。銀座燈光耀眼紅。　高樓攸勝。百丈紅塵迷未醒。那識天涯。如入春山處處花。

## 鷓鴣天

攜內與坤堯天慧同遊東京森林公園用東坡笑撚紅梅嚲翠翹韻

郊野森林丹葉翹。奇花異草實妖嬈。柳陰雛鳳驚秋老，倍感鳴聲格外嬌。　隨衆後，亦伸腰。連朝倦態頓時消。精神奕奕心情好，充耳如聞弄玉簫。

# 和蘇樂府卷三

（起民國八十三年十月至

民國八十七年十二月止）

## 水龍吟

喜晤李元植於京都用東坡小溝東

接長江韻

紅樓昔日同窗，京都卻憶初逢際。君才英發，扣鐘鳴鼓，門庭若市。指示津途，青衿隨畔，多留韻事。爲中韓交誼，勞來送往，韶光逝，歎多歲。　不料今宵覯見，在他鄉，開懷沈醉。舊情歡叙。眼前重現，一番天地。橋梓花開，寧馨聲譽，關情非細。喜當年共硯，琢磨道義，詩筒應寄。

## 水龍吟

聞天慧高歌示慶勳伉儷用東坡露寒煙冷蒹葭老韻

林陰葉底秋蟬老，雛鳳鳴聲清唳。東京良夜，燈光長照，攜壺初至。未料青娥，款身搖動，手中持米。竟嘹亮穿雲，珠垂玉振，霓裳曲，驚鴻起。

深喜君家有女，好天資，歌壇攸寄。隔洋千里，思親情緒，藉歌繫綴。尊我師翁，竭情奔放，聲如流水。正征途寂寂，桑青紫陌，泣烏絲淚。

## 滿庭芳

遊日本奈良用東坡蝸角虛名韻

舊日長安，奈良都市，祥光現處閒忙。李唐聲勢，倭國怎爭強。只有葫蘆學樣，豈敢顯露一絲狂。千年後，身經是土，佛學設玄場。　思量。華夏裡，舊文新學，何事相妨。竟兵戎死鬥，較短論長。到處哀鴻遍地，心頭上愁恨高張。看鄰國，新科舊統，一樣有芬芳。

## 永遇樂

香港浸會大學國際宋代文學學術研討會紀盛用東坡天末山橫韻

獅子山前，滿園蘭蕙，新樓高起。昔日遊蹤，縱橫跡遍，培植新桃李。只今來到，老驥志牽千里。唐詩宋詞音不斷，逸響尚隨流水。　香江自是名城，人去人往，彌多情思。舊友相歡，樽樽飲盡，今夜何辭醉。神州人物，時來尋夢，總要寄情詞裡。細思量，歸舟去後，有聲共倚。

## 雨中花慢

香港浸會大學國際宋代文學研討會上贈徐培均先生用東坡遼院重簾何處韻

歇浦飛來詞客，織錦纙花，耀眼含光。三闋倚聲吟罷，緒湧思忙。老樹盤根，森森鬱鬱，影滿東廂。香江一會，海翻波浪，敢望宮牆。　神州萬里，蓬瀛一島，卅載彼此猜防。信道是同胞連氣，寒燠炎涼。海峽隔成離恨，吟聲卻是循常。今朝攜手，一樽清酒，細共君嘗。

## 雨中花慢

香港浸會大學宋代文學研討會上贈昭明用東坡嫩臉羞蛾因甚韻

文學場中弟子，千里相隨，葵藿傾陽。浸會光芒異彩，聳動雲裳。如奏黃鐘，響遏行雲，九天鳴凰。初出道，無異初生犢子，不畏風霜。　來年儋海，月明雲散，細認海客愁場。應記取，蘇公風骨，拾些餘香。煮酒烹茶詩趣，任麼均值思量。儒冠不誤，浩然剛氣，萬縷千行。

## 一叢花

壽靜公教授八十華誕用東坡今年

春淺臘侵年韻

光風霽月多年。敎澤感芳妍。滿園桃李濃陰發，相攜獻酒壽翁邊。南極星輝，儒行世則，絃誦響清圓。

坡公應是舊憑山。書畫入松煙。詩詞戲曲群稱善，何人今世可爭先。鳩鳥飾端，蘭香蕙馥，還麗藻芊眠。

## 三部樂

初訪新嘉坡用東坡美人如月韻

獅城風月。嚮往已多年，果然清絕。華人才具，治國良方無缺。便利豈止交通，看市容整潔。靜院歌咽。赤道建邦，垂世千秋萬葉。

民生衣食行住，一一全具備，天無霜雪。勝景非如禹域，能治陳疾。乃招來觀光上客，咸稱道規模適切。身似磬折。引導我豪興大發。

## 無愁可解

中西情人節同日贈內用東坡光景百年韻

天上世間，相伴一世，卅年甘苦滋味。此生由夙緣，更誰盤根究底。萬事終如風掠耳。何必鬱在心裡。只要是，長久開懷，那管苦樂，吃盡也未。有理。今夜花燈，相攜去遊觀，暫拋名利。下雨固不錯，不下誰知卻是。衆裡相扶我與你。激情夜，那分中外。是人即有愛，癡心愛時，意濃了，更沉醉。

## 賀新郎

遊北京大觀園用東坡乳燕飛華屋

韻

燕市營華屋。看雕欄，瓊樓矗起，曲池鵝浴。更有新荷並根藕，菡萏瓣開片玉。見獨鶴，孤眠清熟。園裡梧桐搖繡戶，似佳人，纖手彈琴曲。原本是，瀟湘竹。

怡紅公子衣裳蹙。正花辰，徘徊庭院，那堪孤獨。十二金釵細看取，顰兒眉心緊束。爲欲報，滴澆泉綠。雨露昔施恩，獨獻花身，舊事忍重觸。傷情處，淚簌簌。

**哨遍** 北京天祥祠重修竣工典禮用東坡睡起畫堂韻

癸酉仲秋，初訪燕孫，相互談心地。文信國，浩氣貫雲

天，有祠堂，棗留香氣。世俗未堪談芳草，君當有興，
同酌西江水。結伴走街車，東尋西訪，凋零無復紅翠。
乍見處，棗樹鬱南枝。四角裡，塵簷滿蛛絲。民族英
雄，冷落難禁，淒涼滋味。　巧遇著語言清麗。熱血
騰心裡。細斟詳說，重修舊貌規伶俐。約攜手同心，捐
募資費，華堂應可從新起。慮及香江，世居文氏，裔孫
繁滋洲際。綻粲華，舌轉語如飛。盡響應，紛紛比高
低。一回頭，恰如人意。文家先祖英雄，後代承前世。
若此巧合，機緣那得，豈止孝孫而已。成仁取義聖賢
心，照丹青，固當然耳。

## 木蘭花令

攜內乘鄭和號遊新嘉坡龜島用

東坡元宵似是歡遊好韻

西洋入夢心情好。何況鄭和船客少。攜妻泛海碧波間，形似神龜非絕島。椰風吹我精神傲。萬里長遊開口笑。人生樂事有誰知，繡句收囊詩壓倒。

## 木蘭花令

遊北京潭柘寺用東坡經旬未識

東君信韻

幽州潭柘傳秋信。不到秋山難解慍。稱王銀杏已千年，豫識興亡知礎潤。九峰蒼翠群枝嫩。玉面觀音如敷粉。可憐寺廟少僧尼，打掃無人塵久困。

## 木蘭花令

北戴河第二屆詩經國際學術會議閉幕呈與會諸公用東坡高平四面開雄壘韻

曾遊天下雄關壘。亦見燕山秋色媚。神州景物動吾心，三百篇詩吟已醉。　忠臣孝子情如沸。臨別贈言無限意。溫柔詩教待弘揚，莫令飄零殘照裡。

## 西江月

孟姜女廟用東坡聞道雙銜鳳帶韻

姜女長城哭泣，淚珠傾倒鮫綃。至今廟口衆香燒。縷縷碧煙飄裊。　雁陣墳前飛過，海中湧動狂潮。雖然昔日負良宵。誰似佳人慧憭。

## 附·黃坤堯和作

### 西江月

呈伯元夫子

九月香江宴聚，晚雲涼染輕綃。人間長繞酒腸燒。遠望帆檣煙裊。

冬節相逢臺海，無風無雨平潮。鳳笙彤管惜良宵。燈火通明皎僚。

### 華清引

長城老龍頭用東坡平時十月幸蓮湯韻

連岡鎖海固金湯。宛似橫梁。頭昂首張目，雄蟠渤海旁。

堅關一閉剩巖床。燕山煙樹蒼蒼。長城東起此，逶迤萬里牆。

### 蘇幕遮

山海關用東坡暑籠晴韻

北燕山，敵可慍。渤海濤波，猛打城牆潤。鎮守雄關強敵困。笑指樓前，誰敢兵來近。　美嬌娘，伸玉筍。一怒衝冠，開鎖清軍進。從此奴顏聽主緊。斷了頭皮，還要輸堂印。

## 烏夜啼

北戴河鴿子窩公園用東坡莫怪歸心速韻

北戴河何有，海濱擁擠顰眉。鴿子窩邊無鴿子，來此更非時。　海上毛王塑像，觀之無道那裁詩。腐敗廟堂難救藥，此理盡人知。

## 臨江仙

北京司馬臺長城用東坡詩句端來

磨我鈍韻

司馬長城橫塞上，牆高磚石如鋩。遊人不惜若凝霜。寒從心底湧，遮莫起墳塘。　古蹟千年先世造，神州方拾餘香。應將好景作家鄉。兩旁勤種樹，喬木有千章。

**附・黃坤堯和作**

**臨江仙**　敦豪宴聚喜迎伯元夫子（戊寅）

愧道詩才嫌老鈍，半年劇斂鉤鋩。二毛映雪凜秋霜。雞魚無量劫，何處避風塘。　故人星散情難已，酒懷久未生香。喜公重訪瀝源鄉。沙田留宿醉，引領望華章。

**臨江仙**　北京潭柘寺用東坡忘卻成都來十

載韻

潭柘開基千載久，華嚴細酌詳量。穿林更入虎溪陽。雙龍齊讓位，故爾得陰涼。　銀杏稱王同世運，人云別有心腸。寶珠峰下戲流觴。昏明能感應，帝女作家鄉。

## 臨江仙

北京戒臺寺用東坡尊酒何人懷李白韻

古剎千年風雨裡，濃陰莫辨西東。蒼松翠柏起山風。人來人去，寺廟幾多重。　十戒已能除世垢，暴君依舊難容。空臺無復庇誰儂。戒神縱在，無可奈何中。

## 臨江仙

雪林教授百齡上壽詞以賀之用東

坡冬夜夜寒冰合井韻

上壽百年蘇教授，滿園桃李盈幃。義山錦瑟耳邊啼。知音何處是，吟望久低垂。　天若有靈天可問，無緣受業堪悲。精神常在不相違。笛聲非俗韻，一曲鶴南飛。

## 臨江仙

贈平山久雄先生用東坡誰道東陽都瘦損韻

久仰風光思衽席，無端相識勞神。今宵方許接清塵。知音何處是，東海有高人。　雅韻和聲鳴應律，珠旋玉振含眞。龍吟鳳管氣精純。聞韶忘解味，餘響總懷君。

## 臨江仙

恭悼燕孫教授用東坡昨夜渡江何處宿韻

猶記燕京初見日，腹中浩似長淮。誰知近奏笛聲哀。淒涼遺去恨，北雁帶悲來。　魏韻譜成時久矣，只今梓版方諧。長年書信每相催。我公仙逝後，怎遣此情懷。

## 漁家傲

結婚三十二周年用東坡一曲陽關情幾許韻

三十二年情幾許。雙男二女將來去。白髮韶光留不住。回首處。艱難往事如雲霧。　一世人生晴又雨。紛紛眞若風飄絮。不管崎嶇多少路。知孰似。海揚波浪輕輕度。

## 漁家傲

香港選舉用東坡臨水縱橫回晚鞚韻

易放難收誰攬鞚。北京自覺風雷動。海上民情非嬉弄。心沈重。莫將民主加冰凍。善政宜求人與共。專權莫向香城送。好惡相同人始擁。威無用。不隨民願終成夢。

## 定風波

華盛頓故居用東坡與客攜壺上翠微韻

樓閣巍然隱翠微。將軍勳業久騰飛。如此清懷誰敢笑。

老少。紛紛四海客來歸。　一世英雄心未了。孤嶠。
寰球何處及光輝。自古迄今人未老。稀少。邦家平治只
垂衣。

定風波　撰時評於華府新聞用東坡莫怪鴛鴦繡帶長韻

家國崎嶇路幾長。誰能成治拱衣裳。莫道人言無處去。
處處。全球皆可任輕狂。　四十年來談不盡。眞恨。
吾邦猶未換新妝。華府今來宜細看。幸見。小姑居處尚
無郎。

定風波　與迪行伉儷歡飲用東坡好睡慵開

莫厭遲韻

風雨欣逢莫道遲。開樽痛飲總攸宜。海外相從能幾日，安雅，願君常保雪霜姿。　靜處自觀情百態。閒事。輕寒稍損一分肌。酒意深時無不吐，高論，重談老幹與新枝。

## 南鄉子

別諸兒返臺用東坡冰雪透香肌韻

一月看豐肌。塵事全拋散鬱伊。他年應可林泉老，相宜。到處臨觀一褐衣。　窗戶下重幃。春睡香濃不覺遲。更可寬心園圃好，時時。笑對圍爐喚我兒。

## 南鄉子

師大國文系四十八屆相識四十年

重聚用東坡天與化工知韻

世事實難知。舊日同窗紫與緋。師許崚嶒今得見，桓伊。坐上彈箏亦可兒。　名利倘追隨。愛國情懷未少離。無論此身何處是，東西。應似當年在學時。

## 附・黃坤堯和作

### 南鄉子

八月八日丹東父親節，添富、仲溫二兄率門人為伯元夫子賀節，感賦呈伯元夫子

卅載劇心知。學繼章黃繡錦緋。文彩風流人共仰，聆伊。詞作吟成一瞬兒。　半月樂追隨。山水同遊未暫

離。更喜丹東同賀節，橋西。三代生徒共聚時。

## 南鄉子

賀石禪師九十嵩慶用東坡寒玉細凝膚韻

鶴髮映丹膚。三千弟子獻觴壺。魯殿靈光人九十，欣如。從學難忘量守初。

著述豈須臾。案頭校字費工夫。累積胸中千萬卷，歡娛。笑問群生醉得無。

## 南鄉子

游故宮至善園用東坡悵望送春杯韻

曲水泛流杯。至善園中石徑回。綠柳紅花春色好，開懷。不覺新詩句句催。

釣石傍池臺。錦鯉悠悠去復

來。更上松風亭小坐，低徊。似見東坡志未灰。

南鄉子

故宮名繪集珍參觀記㈠用東坡何處倚闌干韻

畫裡盡闌干。五竹林君夢正圓㈡。雪屐探梅千載後㈢，依然。寺嶺蕭蕭喜范寬㈣。五岳見眞顏㈤。萬壑千尋豈等閒㈥。崔白蘆花羲所愛㈦，回闌。時敏浮嵐暖翠眠㈧。

㈠中華民國八十五年四月五日與內人葉詠琍女士同參觀故宮名繪集珍。此次展出畫計有唐閻立本竹林五君、宋范寬雪山蕭寺圖、宋郭熙寒林圖、宋崔白蘆花羲愛、宋馬遠雪景、宋夏圭雪屐探梅、仿唐王維千岩萬壑、仿南朝宋陸探微五岳圖、宋趙孟堅水仙眞蹟、元劉貫道羅漢、元顧安平磐石、元人風雨歸舟、元李士行江鄉秋晚、元戴淳匡廬圖、元方從義高高亭、元曹知白雙松圖、元王蒙深林疊嶂、元馬琬喬岫幽居、元無款寒林茗話、元人春景貨郎圖、明沈周寫意十六幅、明陳獻章萬玉圖、明王問拾得像、明文徵明絕壑高閒、明仇英園林清課、明周之冕葡萄松鼠、明文伯仁五月江深、明人畫七星古檜、清王時翼岳陽大觀、清王時敏浮嵐暖翠、清王武花鳥、清陳書秋塍生植、清董邦達畫大士像、清惲向仿古十幅、元方從義山水十二幅、明沈士充郊圖十二景、清藍深西湖十景、清董邦達柳浪聞鶯、雙峰插雲、斷橋殘雪、三潭印月、蘇堤春曉、清關槐西湖圖、清繡線西湖圖冊、宋夏珪山居圖、明仇英桐陰清話、清諸升雪景竹石。此外還展出宋李公麟畫孝經、元管道畫孝經、明文徵明楷書仇英畫孝經、宋馬和之繪孝經圖。
㈡名繪集展出首幅為唐閻立本竹林五君。
㈢指宋夏珪雪屐探梅。
㈣指宋范寬雪山蕭寺圖。
㈤指仿南朝宋陸探微五岳圖。
㈥指仿唐王維千岩萬壑。
㈦指宋崔白蘆花義愛。
㈧指清王時敏浮嵐暖翠。

菩薩蠻　喜晤邃加詩老於沙田麗豪酒店用東坡畫檐初挂彎彎月韻

六年久未同觀月。長天未識圓和缺。今對釣絲鉤。尋歡麗鳳樓。　我公心境好。琢句求新巧。相憶共相知。莫傷此別離。

菩薩蠻

香港贈邦新用東坡風迴仙馭雲開扇韻

君懷開闊如風扇。涼天夜月隨星轉。執手各相驚。貞松霜雪零。　相逢非草草。情共天難老。今夕酒樽間。歡言莫問年。

菩薩蠻

喜晤黄氏三傑用東坡風迴仙馭雲開扇韻

黃童一位今難見。眼前三士持雙管。長幼盡英賢。精雕推仲先。　潛龍豈久困。江夏原名郡。自古出賢人。君家堪擬倫。

菩薩蠻　與坤堯歡聚麗豪酒店麗寶樓用東坡繡簾高捲傾城出韻

當年菈港君隨出。燈前瀲灩金樽溢。今日再高歌。清風上翠娥。　別來情欲亂。公子無腸斷。圓缺見盈虛。投詩似貫珠。

附・黃坤堯和作

菩薩蠻　奉答伯元夫子（丙子）

沙田風雨蛟龍出。城門水闊江波溢。日月逐清歌。雲山疊翠蛾。　酒闌光影亂。入破琴弦斷。回首夢魂虛。齊煙一點珠。

菩薩蠻　登沙田萬佛寺用東坡落花閒院春衫薄韻

登臨還憶春雲薄。今朝只剩山花落。碑上字依依。行行去步遲。　十年長播弄。弄得恍如夢。民主已蒙羞。言論豈自由。

菩薩蠻　登沙田萬佛寺用東坡薄衫春院閒花落回文韻

當年縝髮今疏落。頭前一片稀稀薄。上嶺步遲遲。萬佛有皈依。　回歸眞是夢。夢醒遭愚弄。不許致書郵。寶山猿鶴羞。

## 菩薩蠻

登昆明西山用東坡火雲凝汗揮珠顆韻

西山一碧珠排顆。昆明八月初流火。婉轉步還輕。晴波漾碎瓊。　奎星方解印。放眼浮金暈。正値夕陽殘。滇池萬傾閒。

## 菩薩蠻

昆明大觀樓用東坡顆珠揮汗凝雲火回文韻

長聯人聚蛾投火。盈眸文字明珠顆。刻鏤滿樓瓊。騰身步履輕。　滇池浮日暈。景象深相印。難得一身閒。佇看夕照殘。

## 菩薩蠻　昆明石林用東坡嶠南江淺紅梅小韻

石林風景眞非小。虎蹲獅吼龍雲嶠。怪石筍成籬。一時難盡窺。　此身行已到。尙幸人非老。滿眼出騈枝。歸心惜別離。

## 菩薩蠻　昆明石林用東坡小梅紅淺江南嶠回文韻

雲南眞有神仙嶠。駱駝騎象魚龍小。勝景任人窺。奇形滿眼籬。此身幸未老。蜿蜒行已到。石塔影離離。峰林無醜枝。

菩薩蠻

昆明金殿用東坡翠鬟斜幔雲垂耳韻

鳳釵鬟影銀鐺耳。蛾眉款步雲鬟翠。金殿夕陽昏。昆明似晚春。圓圓如雪墜。纖指柔荑細。家國繫誰人。誰人勝淺顰。

菩薩蠻

昆明民族村用東坡耳垂雲幔斜鬟翠回文韻

西南諸族雲鬟翠。能歌善舞聲盈耳。細柳正搖春。千家煙樹昏。納西形象細。莫使隨風墜。放眼翠眉顰。眉顰厭世人。

菩薩蠻　與坤堯登臺北獅山用東坡柳庭風靜人眠晝韻

虎溪清淺陰昏晝。獅山鬱律風搖柳。清曉覺風涼。梅飄識暗香。客來人有偶。見面相攜手。衰朽見階長。登高愧小郎。

菩薩蠻　與坤堯伉儷小飲臺北金樽酒樓用東坡晝眠人靜風庭柳回文韻

三杯扤扤風飄柳。醒來彷彿燈如畫。小飲有餘香。冬寒不覺涼。稚兒伸細手。雪白凝雙藕。九孔送朋郎。慈親笑語長。

菩薩蠻

關渡宮用東坡井桐雙照新妝冷韻

西風落日波翻冷。靈山泉水成奇井。從此不須愁。慈懷富貴羞。宮基神祚永。長保漁帆影。淡海白雲秋。寬心無倚樓。

菩薩蠻

關渡宮用東坡冷妝新照雙桐井韻

靈山泉水成神井。西風殘照滄波冷。海闊百僚羞。舟人逐浪愁。輕帆孤岫影。禍患年年永。關渡建瓊樓。

扶危千萬秋。

菩薩蠻

參觀中華瑰寶於華府國家藝廊用

東坡雪花飛暖融香頰韻

欲觀瑰寶歡盈頰。五千文化凝殘雪。錦繡解推衣。世人不失欺。

殷盤銅綠結。周鼎何曾別。來此不嫌遲。繁英盡我歸。

菩薩蠻

參觀中華瑰寶於華府國家藝廊用

東坡頰香融暖飛花雪回文韻

中華瑰寶盈香雪。人生難得親雙頰。朔氣莫相欺。趕緊著寒衣。

東坡千載別。風儀常縈結。歲月不須歸。

今來總未遲。

菩薩蠻　參觀中華瑰寶於華府國家藝廊用

東坡娟娟侵鬢妝痕淺韻

侵人歲月痕非淺。堅牢漢玉爭裁翦。外展事悠宜。千秋

絕業啼。人文應廣被。莫限人和地。華府如軸輪。

招來各式人。

菩薩蠻　參觀中華瑰寶於華府國家藝廊用

東坡塗香莫惜蓮承步韻

唐書宋畫相承步。琳瑯滿目相將去。墨竹暗含風。今猶

見翠縱。乾隆皇位穩。字畫遭龍困。御筆自非難。

圖章實懶看。

## 菩薩蠻

參觀中華瑰寶於華府國家藝郎用

東坡玉環墜耳黃金飾韻

御龍寶盒黃金飾。珍奇玉璧涵瑤碧。粉靨困春醪。國色醉仙桃。

松聲山路地。瑞雪深巖意。才子得詩清。四人同屬明。

## 浣溪沙

丙子除夕闔家團圓於美東銀泉楓

林小館用東坡珠檜絲杉冷欲霜韻

每歲逢年冷若霜。人家熱鬧我淒涼。團圓今夕好春光。

兒女依依圍膝下，青春冉冉及斜陽。盈堂喜色爲誰黃。

浣溪沙

丁丑新正用東坡霜鬢真堪插拒霜韻

清曉園庭已結霜。驅車南駛避寒涼。兒曹孝思亦榮光。希爾頓顛鞋樣島，諾丁園裡賞春陽。新枝未發見芽黃。

浣溪沙

丁丑初二遊希爾頓顛沼澤公園用東坡傅粉郎君又粉奴韻

沼澤公園千木奴。自然環境不施朱。盈眸一片眼方蘇。楚客能爲神女賦，魏徵不勸寫禪書。澄清吏治亦桑榆。

浣溪沙　丁丑新春喜晤迪行於銀泉賦贈一篇用東坡菊暗荷枯一夜霜韻

去歲寒涼久罩霜。今來新綠泛春光。眉間喜氣色占黃。執手依然情似昨，持樽未改就脣嘗。精神煥發酒仍香。

浣溪沙　舊金山喜逢煌城兄嫂用東坡道字嬌訛語未成韻

延客心誠事自成。暮雲春樹感多情。同君蓋也不須傾。流水高山歌一曲，知音論韻囀林鶯。金山勝景眼清明。

## 浣溪沙

舊金山喜逢煌城兄嫂用東坡桃李溪邊駐畫輪韻

迎我機場駐畫輪。漁人港裡瀉清尊。風光滿眼共黃昏。
情聚心頭難聚語，車行街上月窺雲。別時相對暗消魂。

## 浣溪沙

暢遊舊金山蒙特利灣用東坡四面垂楊十里荷韻

未見西湖雨打荷。行蹤到處總花多。難名勝景喜經過。
碧海晴天開眼界，偸閒一日好消磨。歸來猶記浪濤歌。

## 浣溪沙

唐甲元詞長七秩晉一華誕用東坡

怪見眉間一點黃韻

華誕重來喜色黃。裁經鑄史著書忙。尋詩覓句飾新妝。

仁者存心熱肝膽，稀齡縱筆帶風霜。祝君眉壽酒添香。

## 浣溪沙

國威弟得漁叔師手蹟於書肆寶重

異常紛請名家題款亦及於余因賦

此以贈用東坡門外東風雪灑裾韻

墨蹟初觀淚灑裾。幽明相隔豈秦吳。詩文俊逸出蟲魚。

猶記當年從學日，諄諄誨勉作純儒。餘閒宜寫五車書。

浣溪沙　丁丑端午用東坡輕汗微微透碧紈韻

國勢阽危胠弱紈。一邦蕕草已無蘭。洪流泛濫決河川。
肉食惟知謀保位，群魔競走舞風鬟。難逃在劫入殘年。

浣溪沙　赴桂林參加第三屆詩經國際學術會議先呈夏傳老用東坡徐邈能中酒聖賢韻

風雅頻吹冠世賢。堂堂一老欲迴天。雄圖重振好留連。
力挽狂瀾扶既倒，欣然結伴共遊山。詩經盛會勝從前。

附·林葉萌和作

浣溪沙　次韻奉酬陳教授

回顧騷壇屈子賢。奈何雲霧鎖青天。汨羅從此恨長連。
舊轍猶堪承霰雨，新潮定可壯河山。龍飛鳳舞更朝前。

附·黃蓓蓓和作

浣溪沙　次韻奉酬陳新雄教授

雅會滿堂濟世賢。虔誠正氣可回天。神州兒女脈相連。
更把秋花迎素月，還將春色壯關山。芳香縷縷繞詩前。

## 附・黃小甜和作

浣溪沙　次韻酬陳教授

借得東風接大賢。漓江似練浴藍天。詩人墨客喜留連。
不盡豪懷遊綠水，無邊雅興踏青山。風雲際會慶當前。

## 附・楊懷武和作

浣溪沙　遇臺灣詩人陳新雄教授與交談後

頗奇其人因賦此以贈用陳新雄贈夏傳老原韻

博古通今一俊賢。鯤鵬展翅訪南天。懸河之口妙珠連。藝海早穿千尺浪，文心新蘊桂林山。吟詩豪興自無前。

附·張佑民和作

浣溪沙 步陳新雄先生赴桂林參加第三屆詩經國際研究會呈夏傳老韻

風雅應欽先輩賢。文明共仰九州天。五湖四海衆心連。更創輝煌酬壯志，中華一派好河山。當今日月勝從前。

附·唐甲元和作

浣溪沙　步陳新雄赴桂林參加詩經國際研討會呈夏傳老原玉

倒屣金秋迓俊賢。榕湖碧水映藍天。風光旖旎足流連。
兩岸胞情深似海，九州大業重如山。並肩攜手奮奔前。

附·陳家彥和作

浣溪沙　桂林詩經研討會開幕次新雄教授韻

八月山城聚哲賢。欣逢聖世頌堯天。五湖四海意相連。

三百名篇傳國粹，古爲今用狀河山。詩壇雅集會空前。

附·廖家駒和作

浣溪沙　敬步陳新雄教授詩經學術會華章

陳列華章贊十賢。新風浩蕩盛堯天。雄心壯舉彩雲連。

喜看波平春色好，臨流擊楫過關山。榕湖聚首樂堂前。

浣溪沙　挽岳父用東坡傾蓋相逢勝白頭韻

爲國爲民到白頭。九旬空復夢松楸。柏臺壯節詠高裘。

臥病十年方命駕，西方極樂尚何求。淒風落月永傷秋。

浣溪沙　仲溫弟膺選中山大學中文系主任詞以賀之用東坡灸手無人傍屋頭韻

欣喜今朝已出頭。一番事業展枰楸。須知道義勝輕裘。顧我久無當世望，如君應向古人求。松筠清節怎驚秋。

浣溪沙　再賦一首贈仲溫用東坡畫隼橫江喜再遊韻

猶記當時從我遊。吟詩誦賦識清謳。一番辛苦未空流。

世事總應勞後得，今朝旨酒許思柔。他年松柏廣餘

休。

浣溪沙　敬挽伏嘉謨詩老用東坡入袂輕風

不破塵韻

和我詩篇氣絕塵。遂加詩眼識芳辰。詩情永隔爲誰新。

聯語從今喪國手，騷壇那再出斯人。傷心無酒解殘

春。

浣溪沙　靜吟女弟榮獲中山大學文學博士

詞以賀之用東坡西塞山前白鷺飛

韻

欣見今朝展翅飛。嘗依几案究精微。今來裘馬許輕肥。
讀罷詩書神奕奕，外披方帽錦綾衣。修成博士喜榮歸。

## 浣溪沙

遊灘江用東坡花滿銀塘水漫流韻

碧綠灘江緩緩流。桂林山水甲神州。乘舟望處勝雕樓。
九馬畫山神奕奕，一峰倒插筆昂頭。詩人稱讚幾千秋。

## 浣溪沙

桂林駱駝峰用東坡幾共查梨到雪霜韻

蒙古新疆漠似霜。長途跋涉識晴光。滿園翠碧雜丹黃。

遠道來時心已定，石駝志意總相償。含花嚼葉口留香。

## 浣溪沙

桂林象山用東坡山色橫侵醮暈霞韻

群鷺飛時映落霞。象山景色粲春花。遊人喧鬧似飢鴉。

一劍穿心成寶塔，卻將來路作天涯。兩江清水繞平沙。

## 浣溪沙

龍巖洞用東坡晚菊花前斂翠蛾韻

夜色燈前撲火蛾。攀龍附鳳競謳歌。碑名姦黨譽何多。

北宋誰堪談往事，昏君奸相若穿梭。摩崖刻石謂之何。

## 浣溪沙

桂林穿山公園用東坡風壓輕雲貼水飛韻

滴水穿山作雨飛。洞開兩向潔無泥。涼風習習暑添衣。

眼底風光收桂市，耳中鶯燕對人啼。凡間仙境到方知。

## 南歌子

林葉萌女士於中共建國之初秉其愛國初衷效其報國熱忱隨夫君由港移居大陸四十餘年以來歷盡折

磨夫君既死而已亦流離然其喜詩愛詩之心始終未衰且其二女蓓蓓與小甜闔家皆能詩擅詞韻味雋永至所感佩特贈詞一闋用東坡日薄花房綻韻

愛國爭先後，礱磨自不輕。十年浩劫走郊坰。地暗天昏何日再清明。

今夕詩歌會，如嘗粥裡餳。君家樂府韻奇清。欲讚一辭才拙已難名。

## 附·林葉萌和作

### 南歌子

次韻敬酬陳新雄教授

朧月風霜重，寒春曉霧輕。梨花帶雨落郊坰。香瓣無依猶是待天明。坎坷千程苦，眞誠一片錫。佳詞雅意似泉清。感激之深尤恨筆難名。

南歌子　贈黃蓓蓓女士用東坡師唱誰家曲韻

讀爾當時曲，才情訴與誰。羊城競賽試新槌。請看紛紛落馬又何疑。縷縷芳香在，絲絲喜上眉。今方相會莫嫌遲。應是詩心煥發最宜時。

南歌子　贈黃小甜女士用東坡紫陌尋春去韻

詩苑三才女，盈門次第來。桂林有分與裴回。錦繡紛披蘭蕊逐人開。

我願持盃盞，重添白玉醅。淺斟低唱莫相催。流水高山再上伯牙臺。

## 南歌子

訪桂林章亞若墓用東坡笑怕薔薇罥韻

百越蠻荒地，來尋李代僵。靖安王側倚瑤廂。遺恨綿綿雲霧尚凝香。

一自親君側，明光未照床。此生嘗盡世炎涼。每念孿兒無復理晴妝。

## 南歌子

贈陳家彥詩老用東坡寸恨誰云短韻

八十誰云老，霓裳次第裁。當年子野見雲開。九尺鬢眉
眞個費人猜。腰直身猶健，西南木不灰。元龍湖海
帶星回。旋似長風吹月送詩來。

南歌子　抵南昌參加中國語言學會議用東

坡紺綰雙蟠髻韻

四紀離家久，新開雨後巾。上壇論道扭腰身。舌綻蓮花
吐語見精神。鄉語輕柔在，絲絲入耳春。說來道去
感清新。無論方言俗語盡堪珍。

南歌子　滕王閣用東坡琥珀裝腰佩韻

高閣巍然峙，荷馥著衣巾。雕樑畫棟復前身。今見落霞

孤鶩喜凝神。　秋水行雲遠，時和處處春。思鄉遊子意翻新。一見飛簷碧瓦若懷珍。

## 南歌子

南昌百花洲用東坡雲鬢裁新綠韻

舊地洪都府，風光雜紫紅。側身佇立百花中。誰識當年駐足最高峰。　碎瓦頹垣下，回頭萬事空。閒看蛺蝶過簾櫳。終究西風還要壓東風。

## 南歌子

廬山錦繡谷用東坡見說東園好韻

錦繡匡廬谷，能消萬客愁。一階一步似登樓。攬勝尋幽在此且停留。　方過天橋去，飛來石若毬。雲潮如水漫山流。寶樹三株無慮幾千秋。

## 江城子

白居易廬山草堂用東坡銀濤無際捲蓬瀛韻

匡廬積翠似蓬瀛。嶺分明。霧雲平。白傅尋幽花徑在山城。長恨春回無覓處，誰料得，有深情。　草堂歲月斷歸程。息鳴旌。笑相迎。一片桃林招展慰堅貞。寫罷琵琶行自了，多感慨，入弦聲。

## 江城子

東林西林寺用東坡墨雲拖雨過西樓韻

東坡黃邑別江樓。向東流。采華收。煙雨廬山新月又如鉤。錦繡谷中風景好，花夾徑，汁如篘。　東西兩寺且凝眸。獻珍羞。水盈甌。泉號聰明飲後散春愁。問我匡廬何所似，題粉壁，說難周。

## 江城子

美廬用東坡膩紅勻臉襯檀脣韻

美齡勻臉潤紅脣。一番新。又繁春。想像當年映鏡學嬌顰。夫婦雙雙憂國事，今日裡，與何人。

參差竹木滿簾陰。看幽深。影浮沈。叱吒風雲四海未歸心。一自東移臺北後，千古恨，莫如今。

## 蝶戀花

第九屆語言學會廬山閉幕用東坡花褪殘紅青杏小韻

文字語言非事小。往昔鄉音，今日猶相繞。會聚友朋眞不少。天涯到處皆芳草。　清爽廬山談論道。語出詼諧，拍手齊歡笑。討論漸深聲漸悄。相憐何必生煩惱。

附·黃坤堯和作

蝶戀花　中國語言學會第九屆學術年會會上作（丁丑）

幾日行程風雨小。路入南昌，贛撫雙河繞。賓主盡歡良會少。滕王閣下迷花草。　千仞匡廬翻鳥道。造極登峰，論學留言笑。牯嶺天街良夜悄。人間消夏消煩惱。

蝶戀花　初返贛州夜宿贛南賓館用東坡一顆櫻桃樊素口韻

鄉語輕柔施衆口。無限情思，離別一何久。欲寫離懷難賦就。通街改易眉先皺。　眞幸當年隨父走。今日重來，聊解相思瘦。往昔風光猶在否。城牆河畔垂楊柳。

## 附·黃坤堯和作

### 蝶戀花　隨侍伯元夫子返鄉

萬里逃荒餘一口。半紀歸來，歷盡滄桑久。兄妹團圓天鑄就。從今漸解眉心皺。　陽埠尋根山路走。飲水思源，渴念相思瘦。學海從頭堪記否。驪歌又送長亭柳。

### 蝶戀花　菅芒學運用東坡春事闌珊芳草歇韻

采采菅芒生命歇。學運重來，眞是好時節。五四光輝雖久別。精神猶在如啼鴂。　執政和民今楚越。萬衆齊聲，群醜魂驚絕。已令九重心膽折。傷情難慰空廊月。

## 蝶戀花　初返陽埠用東坡泛泛東風初破五韻

時屬初秋逢十五。急走還鄉，思緒千千縷。街上鄉親將百戶。紛紛相道吾和女。　難卻盛情杯數舉。不斷叮嚀，得便常回度。父老圍觀欣囝囝。一眶淸淚紛如雨。

## 蝶戀花　訪王母渡細妹家用東坡記得畫屏初會遇韻

八載之前初會遇。好夢成眞，走向臺灣路。昔日你來今我去。匆匆多少朝和暮。欣見廳房居有處。次第諸甥，系屬連枝縷。此日歸來難盡語。別時光景何能訴。

## 附·黃小甜和作

### 蝶戀花　呈陳新雄教授

猶記榕湖欣得遇。長者高風，憐我崎嶇路。惆悵匆匆公便去。未能討教連朝暮。　今日魚書來下處。拜讀佳篇，寄有情千縷。恰似諄諄叮囑語。吾衷未盡詞中訴。

### 蝶戀花　訪省贛中用東坡昨夜秋風來萬里韻

跨海西來千萬里。今日相逢，不斷揮衣袂。遊子尋根長不寐。那堪漂泊多年歲。　　母校百年能賦未。歡喜無量，感動盈眶淚。一瓣心香無限意。生徒齊集旌愍悴。

蝶戀花

通天巖用東坡玉枕冰寒消暑氣韻

巖號通天消暑氣。習習涼風，洞口容人睡。古木參橫森鬱意。暇來一臥眞慵起。　　蘇子陽生交語際。夜話因緣，古蹟題來似。更有陽明吹玉蕊。傳芳欣育多才子。

蝶戀花

鬱孤臺用東坡雨霰疏疏經潑火韻

臺號鬱孤歸劫火。幾度淪亡，今日臺前過。章貢合流巖石破。贛江千里無容涴。　　辛曲蘇詩誰可挫。千載悠悠，渾若當年箇。上下樓臺還獨坐。浮空積翠重江鎖。

## 蝶戀花

八境臺用東坡蝶懶鶯慵春過半韻

章貢奔流江各半。城上樓臺，坐看雲霞滿。寒暑雨暘朝與晚。濤頭寂寞波還捲。

八境觀時深或淺，遠處漁樵，盡日堪消遣。最服蘇公聊一絆。奔流激石人皆管。

## 減字木蘭花

喜得吉安冬酒與贛州伏酒用東坡雲鬟傾倒韻

往常醉倒。酒味還難如此好。得路相扶。今日贛城得兩壺。

何來芳草。尋覓綿綿窮遠道。宿醉還蘇。一醉頹然懼也無。

## 減字木蘭花

贛州別之敏師用東坡閩溪珍獻韻

未攜珍獻。每念深情心似箭。昔侍杯盤。禮缺於今五十年。魚頭醮白。慚愧勞人纖手擘。口角留香。愛顧深恩等似娘。

## 減字木蘭花

別金伯叔用東坡春光亭下韻

贛州城下。攜手同遊眞夢也。來去如梭。白首重回事若何。故鄉重見。眼裡滄桑千萬變。情已闌珊。漸覺涼風入指寒。

## 附・黃小甜和作

## 減字木蘭花

呈陳新雄教授用東坡春光亭下韻

桂林花下。吟唱回歸眞事也。歲月如梭。欲問賢師近若何。有朝相見。但願師生情不變。燈火闌珊。照得心明雪不寒。

## 減字木蘭花

贈桂林唐甲元詩老用東坡曉來風細韻

論文語細。詩友相知心早喜。拂水驚梅。讀罷和詞春自來。吟牋擘紙。弄月浮金無限意。錦繡花開。幸我飛來聚一回。

## 減字木蘭花

贈桂林楊懷武詩老用東坡天台舊路韻

廣南西路。墨客詞人來又去。意豁神傾。會面初容識雅聲。楊公詩老。出手筆隨情意到。雅志推循。一瓣心香獻吉人。

## 減字木蘭花

贈桂林王必顯必彰昆仲用東坡琵琶絕藝韻

詩中絕藝。兄弟相傳今有二。醫術通玄。眞氣隨心指下傳。食堂非小。樓號易牙誰醉倒。自是君家。昆仲誰能更及他。

## 減字木蘭花

贈桂林張佑民詩老用東坡雲容皓白韻

冰容雪白。詩思如絲來往織。筆力千端。頓覺凊風入指寒。蒼松雖老。枝葉猶如顏色少。萬斛離愁。且對金樽聚小樓。

## 減字木蘭花

贈桂林廖家駒詩老用東坡玉房金蕊韻

盈堂花蕊。插字隨心彈指裡。透澈玲瓏。色相俱空淡蕩風。時和韻美。落落琅琅箏滿耳。多謝詞工。攜手他年共醉紅。

## 減字木蘭花

挽李新魁教授用東坡海南奇寶韻

南天瑰寶。著作齊身堅栲栳。源出崑崙。月在天邊影在盆。未能同老。永憶香江同絕倒。跋足雷門。憐子雄才逐雉奔。

## 減字木蘭花

賀君如姪女與沈君澄宏結婚之喜用東坡神閒意定韻

良緣宿定。射雀屏間何動靜。玉笛冰弦。鼓瑟鳴琴響久傳。和風生水。自可同流無盡意。一枕同眠。細語柔聲繞耳邊。

## 減字木蘭花

老妻兒輩同遊佛州布希花園

用東坡銀箏旋品韻

花園萬品。放眼如同千匹錦。水湧流泉。浪濺遊人已有年。欲行還止。吊索遇風難復起。安坐如山。獅虎豺狼看自閒。

## 減字木蘭花

佛州狄士尼樂園用東坡鶯初

解語韻

諸兒解語。刻意安排佳去處。糖屋如稣。細細端詳有似無。遊人山倒。我也隨行忘已老。前後來回。難怪階前少綠苔。

## 減字木蘭花

佛州奧蘭多家居用東坡江南遊女韻

攜兒與女。渡假村中牽手去。發興幽微。快叙天倫戲綵衣。老妻細語。喜見家人隨樂舞。北雁南飛。片刻歡娛暫莫歸。

## 行香子

歲暮有懷仲師用東坡綺席纔終韻

一歲將終。思緒添濃。憶吾師韻味難窮。三杯好酒，竹葉泥封。對駢驪句，清懷語，若乘龍。落杉磯畔，雲霧時鍾。欲明年共醉春風。喜聆教誨，似出樊籠。說心頭話，詩意趣，兩從容。

## 行香子

華府中文學校講習會演講用東坡三入承明韻

兩眼清明。不作公卿。曷嘗論窮達羞榮。渾時濯足，淨洗冠纓。持一樽酒，一竿筆，一編經。　常懷意緒，未遇昇平。華府行少作耘耕。無關勢位，誰重誰輕。且得其樂，得其用，得其名。

## 行香子

棕櫚泉與蘄兒玩高爾夫用東坡清夜無塵韻

碧草無塵。曉色如銀。喜陶陶愉悅十分。驅車慢駛，養足精神。看高揮竿，球飛起，扭腰身。　記分紙上，手澤常親。父子兩樂盡天眞。加州離別，情異他人。是眞難捨，親骨肉，念慈雲。

行香子　酬謝林葉萌女士賢母女惠詞多闋

用東坡昨夜霜風韻

重見春風。流水絲桐。誦清詞筆法雍容。欣然相識，喜氣騰空。且莫言醉，莫言病，莫言慵。　感君遭遇，淚如飛霰，傷心事不再愁儂。拋開往日，弗道龍鍾。看眼光青，和光在，曉光紅。

附・林葉萌和作

行香子　依韻奉酬陳新雄教授

詞似清風。韻入絲桐。喜行雲流水從容。公孫劍筆，七彩橫空。一讀堪醉，再堪醒，不堪慵。　天涯知遇，關切由衷。幸人間友誼情隆。辭嚴義正，有若晨鐘。看秋江明，春江暖，心江紅。

## 行香子

步韻酬陳新雄教授

雁送和風。雲繞梧桐。雨初晴一片新容。先生詞筆，氣貫長空。看星光燦，白雲動，月華慵。　天涯知己，海角蛟龍。感垂青猶憫愚儂。桑榆晚景，詩畫情鍾。喜秋深日，稻粱熟，野楓紅。

點絳脣　杭州大學古漢語古文獻國際學術

研討會閉幕用東坡閒倚胡床韻

看振華聲，西湖北岸花千朵。遠來同坐。俊彥諸君我。展臂相招，求友嚶鳴和。和甚麼。學人千箇。碧海長風破。

點絳脣　西湖蘇隄用東坡紅杏飄香韻

漫步隄橋，柳枝飄拂千絲縷。青山當戶。飛絮如春雨。多謝東坡，千載留鴻緒。隨意去。芳菲開處。早已忘歸路。

附・林葉萌和作

點絳脣　蘇隄步韻酬陳教授

猶記蘇隄，當年遊賞情千縷。三潭月影，間有風和雨。眼底芳菲，粉蝶撩心緒。人遠去。尋伊何處。相隔雲天路。

## 點絳脣　西湖孤山用東坡醉漾輕舟韻

心繞孤山，隨身任意尋幽處。未曾遺誤。林逋墳前住。梅鶴無蹤，亭外斜陽暮。人難數。落花如雨。不舍經由路。

## 點絳脣　吳山天風用東坡月轉烏啼韻

美矣西湖，吳山未到終遺恨。掃除煩悶。放眼愁先褪。浩渺錢塘，清洗心方寸。春華韻。何須偷揾。滿路飛紅粉。

皁羅特髻　挽仲師孝媳用東坡采菱拾翠韻

采菱拾翠，孝媳享佳名，最爲難得。采菱拾翠，今世眞過客。這番去采菱拾翠，令吾師老境情縈結。采菱拾翠，雨過萍痕合。　莫道采菱拾翠，竟難成歌拍。無盡止采菱拾翠，雪霜髮淚落淸而滑。采菱拾翠，何處重尋覓。

附・黃坤堯和作

皁羅特髻　奉陪伯元夫子師母鹿頸觀鴉洲

鳥島

采菱拾翠，渺鶴藪鴉洲，仙源難得。采菱拾翠，喚曉山迎客。清溪水采菱拾翠，泛幽思漲綠柔蘭結。采菱拾翠，喜天地人合。　春日采菱拾翠，映霜姿歌拍。鷺鸞舞采菱拾翠，海沙碧幻透琉璃滑。采菱拾翠，梧下梧桐覓。

## 虞美人

六和塔遠眺用東坡定場賀老今何在韻

六和古塔今猶在。只是英姿改。錢塘遠眺興難闌。湖海風光此調怎重彈。　奇珍勝蹟無人曉。損壞眞非小。萬千遊客上樓聲。獨倚闌干百感淚縱橫。

## 虞美人

西湖岳王廟用東坡落花已作風前舞韻

西湖未歇酣歌舞。亭上蕭蕭雨。無須有罪泣殘紅。柱石摧頹咄咄竟書空。　墳前今縛姦臣手。莫惜千壺酒。英雄哀怨怎舒眉。總爲生來無奈不逢時。

## 附・黄小甜和作

## 虞美人

酬陳教授西湖岳王廟

王朝舊日迷歌舞。那管多風雨。岳王血染杜鵑紅。贏得芳菲四溢貫長空。　執戈衛國英雄手。勝飲黄花酒。錚錚風骨壯鬚眉。留與後人清醒鑒前時。

虞美人　蘭亭用東坡冰肌自是生來瘦韻

崇山峻嶺花仍瘦。何況千年後。蘭亭韻事竟昏昏。何日才能喚醒舊詩魂。　流觴曲水吟思苦。且往稽山去。不辭萬里越關山。欲說路難非是十分難。

虞美人　沈園用東坡深深庭院清明過韻

陸游唐婉情難過。恩愛生生破。相思鎮日淚闌干。漫步沈園無慮舊盟寒。　春波橋下人增媚。相視心如醉。徘徊不忍顧迴廊。無計能回費盡兩思量。

虞美人　大禹陵用東坡持杯遙勸天邊月韻

禹皇治水隨星月。無論圓和缺。巫山巔上見花枝。大舉遣神相助水離披。　門前三過心沈醉。不敢聞家事。

此情能有幾多知。好在天人同感萬年時。

如夢令　初抵上海用東坡為向東坡傳語韻

車裡人群相語。已到春申封處。魂夢久思量，未識滬江邊路。來去。來去。路上人潮如雨。

如夢令　上海車站用東坡手種堂前桃李韻

車站強攜行李。到處偏逢騙子。打的價漫開，驚醒不能沈睡。貪士。貪士。詐款猶如流水。

附・黃小甜和作

如夢令　上海車站步陳教授原玉

不但憂心行李。更要提防女子。粉面有禍心，清醒頭顱休睡。寒士。寒士。永葆清明如水。

## 如夢令

上海黃浦灘用東坡城上層樓疊巘韻

灘上高樓若巘。隄外波平似汴。巨艦滿江中，貨逐機輪俱遠。明斷。明斷。開放無庸自滿。

## 阮郎歸

周莊用東坡綠槐高柳咽新蟬韻

水鄉漁唱急驚蟬。安閒聞管絃。門前轎過起炊煙。颼舟未擾眠。　涼風起，綠荷翻。周莊思黯然。祖宗留下湧飛泉。何時明鏡圓。

## 附・林葉萌和作

### 阮郎歸　步韻酬陳教授周莊

漁家曉唱動新蟬。淒淒似斷絃。人生愛恨歎如煙。秋深夜不眠。風波惡，浪花翻。心頭更悵然。欲尋沙漠一清泉。他朝好夢圓。

### 阮郎歸　同里退思園用東坡暗香浮動月黃昏韻

吳江水月弭塵昏。退思柳色春。橋橫水繞盡芳鄰。家家畫掩門。存舊貌，寫容真。園中草色勻。迴廊曲徑歇勞人。湖光惜晚春。

訴衷情　上海豫園用東坡海棠珠綴一重重韻

太湖山石一重重。楊柳拂簾櫳。夕陽花徑何在，芍藥露華濃。尋幽路，豔妝紅。興難窮。園林蒼翠，棟宇維新，同喜春風。

附・黃蓓蓓和作

訴衷情　步韻酬陳教授上海豫園

園林亭榭樹重重。翠色入簾櫳。舊時橋畔垂柳，裊裊綠陰濃。樓墻白，小亭紅。趣無窮。遊人如織，萬卉飄香，同怨東風。

## 訴衷情

玉佛寺用東坡小蓮初上琵琶絃韻

來瞻玉佛聽箏絃。雨後豔陽天。當年護法誰在，且聽樂聲傳。

膚瑩玉，鬢如蟬。佛堂前。兇神惡煞，無限歪纏，盡付蟬娟。

## 謁金門

上海浦東用東坡秋帷裡韻

高樓裡。耀眼燈光難寐。行過雙橋衣錦被。應知眞品味。

滬瀆最銷金紙。午夜歌聲重起。五十年來原爾耳。哀鴻傷未已。

## 謁金門

無錫錫惠公園用東坡今夜雨韻

泉若雨。適令遊人消暑。錫惠公園蠡水浦。隨心舒暢去。無用金樽綠醑。知品荊溪茶否。莫道人生能幾許。風和花解語。

## 謁金門

初泛太湖用東坡秋池閣韻

舒天閣。碧浪如飄綾幕。仙島人潮升又落。林間聽噪鵲。好在名心常薄。故與世人疏略。杳杳太湖休我腳。且來閒處著。

## 好事近

無錫蠡園用東坡煙外倚危樓韻

大力挽狂瀾，終見邦家興滅。卻帶美人歸去，看五湖煙月。陶朱風采誰能及，勳業如飄雪。三散家財無事，對酒眞能吷。

## 附・黃蓓蓓和作

### 好事近　無錫蠡園步陳教授原玉

叱吒鎮波瀾，越與吳邦傾滅。欲問西施何去，知者唯明月。　家邦興廢芳心貼，高潔明如雪。眼底蠡園風物，筆下詞難映。

### 天仙子　蘇州留園用東坡走馬探花花發未韻

聞說留園眞有味。花木樓臺無一易。太湖山石景神奇，廊上字。誰人使。鐵畫銀鉤隨手指。　白髮來遊心怎已。巧奪天工靈璧在，雲峰十二古難全，頻墮淚。多深意。豈是蓬萊仙侶地。

## 翻香令

北京大學百週年漢學研究會議用

東坡金爐猶暖麝煤殘韻

丰神猶在未凋殘。今來百歲義新翻。揚民主行科學，看

激昂意氣勝從前。

京城西北翠爐山。全球俊士聚陶

然。齊聲道扶危去，怎能堪舊學隱荒煙。

## 桃源憶故人

香山碧雲寺國父衣冠塚用東

坡華胥夢斷人何處韻

衣冠塚在人尋處。鬱鬱蔥蔥庭樹。經歷幾番風雨。光采

還輝戶。

香山一轉身留住。一種虔誠難數。辭別碧

雲歸去。不舍來時路。

附·林葉萌和作

桃源憶故人

步陳教授香山碧雲寺國父衣

冠塚原玉

花明柳暗人何處。塚掩深深雲樹。縱有千秋風雨。浩氣輝千户。衣冠未把身留住。留下幽香無數。揮淚淒淒辭去。感慨人生路。

調笑令

北京大學用東坡漁父漁父韻

傖父傖父。六四腥風血雨。科研民主相依。偉大精神暮歸。歸暮歸暮。北大將來何處。

## 調笑令

登香爐峰用東坡歸鴈歸鴈韻

離鴈離鴈。來自海之東岸。長程到此盤桓。峰頂無視苦寒。寒苦寒苦。行腳今生曾住。

## 荷花媚

長春漢語音韻學第五屆國際學術會議用東坡霞苞電荷碧韻

長春芳草碧。當然是別樣山河風格。豺狼凝視下，收回故土，喜天青月白。今日裡說韻談聲後，鬱盤根老樹，東君施力。猶如北方春雪，梅花開滿地，更呈佳色。

## 占春芳

丹東漢字文化國際學術研討會用

東坡紅杏了韻

華夏字，文明史，亘古吐芬芳。一似幽林蘭麝，綿綿不斷添香。後世豈能忘。我先人熠燿輝光。當思相繼傳薪火，不負前王。

**附·黃坤堯和作**

占春芳

丹東漢字文化國際研討會奉和伯元夫子作

秋雨下，丹東港，綠野浴清芳。喜共邊城高會，瓣馨點點心香。文化意難忘。悵微茫、爝火幽光。千秋漢字開新境，超邁前王。

一斛珠　丹東東港市用東坡洛城春晚韻

相逢非晚。丹東東港行程半。遊船激浪紋成篆。鴨綠江邊，東主開歡宴。　十八潮聲雷輥輥。高樓櫛比知何限。萍蹤到處人爲伴。怕說情懷，一別如勞燕。

## 附·黃坤堯和作

一斛珠　東港觀潮呈孫、宋二市長

海濱秋晚。風搖楊柳陰晴半。潮頭猛漲波紋篆。東港新成，賓主同歡宴。　巨艦通航供集散。鴻猷大計知何限。臺韓港日招良伴。北國潛龍，起舞翩翩燕。

意難忘　承德避暑山莊用東坡花擁鴛房韻

避暑山房。看範圍非小，流水深長。宮門盈畫棟，細浪起笙簧。相見後，意難忘。欲親自持觴。向殿中高歌一曲，重振華香。　高宗聖祖相將。欲修成翰苑，更起昭陽。用心非不苦，論意亦難量。看建構，見衷腸。遮莫說慚惶。倘再營皇清盛世，綺麗何妨。

附・黃坤堯和作

意難忘　與伯元夫子仲溫兄同遊避暑山莊

日鎖空房。想康乾盛世，德業隆長。離宮消永夏，鶯燕理絲簧。湖水淥，百憂忘。更淺酌冰觴。甚木蘭、圍場秋獮，爐炭燒香。　三人師友攜將。賞煙波柳暗，曲水荷陽。松風鳴谷壑，天柱磬槌量。菩薩祐，善心腸。

奈前路惶惶。黯明朝，傷離怨別，有淚何妨。

千秋歲　和畢東坡樂府感賦用東坡島邊天外韻

蘇詞三百，和罷情難退。隨起落，心同碎。常爲天下惠，不重黃金帶。廊廟器，存身屢與煙霞對。　步韻

人皆會。染彩揚芝蓋。公不見，神常在。文章眞有味，

氣節何須改。風浪湧，朦朧似已來臺海。

附・黃坤堯和作

千秋歲　今日接電郵伯元師指命和韻

十年花外，舞扇歌衫退。新時代，詞心碎。千尋波漲碧，一髮山如帶。瓊島上，蕉風椰雨浮嵐對。春去忘嘉會。秋運悲華蓋。二三子，人何在。夢魂拘檢去，時序侵尋改。朝復暮，天涯地角瑚瑚海。

# 伯元倚聲・和蘇樂府卷四（起民國七十一年元月至民國八十七年十二月止）

附錄：凡非和東坡韻者，悉歸入附錄。

## 西江月　寄詠琍美國

總是離多會少，換來夢繞魂牽。自嗟自怨自熬煎。究竟圖謀那件。　世上無窮風月，人生有限華年。原應常聚對嬋娟。何苦營營不倦。

## 憶江南　華岡好

華岡好，創業見宏綱。開闢草萊無往古，經營黌舍實堂皇。瓊宇聳高岡。　群英集，風雨共迴翔。學貫中西新道統，胸羅天地賦瑤章。聲譽播遐方。

江城子　奉和希真壬戌重陽前一日過余沙田寄寓

幾番風雨喜還晴。笑相迎。揖詩英。樓角黃昏，談語覺心清。夜聚龍華無限意，誰與說，此時情。　九天珠玉下連城。論修名。衆人傾。詩境翻新，才捷冠群生。春樹暮雲思不斷，攜斗酒，訴分明。

江城子　贈希真

五千年史豈拋空。步芳蹤。氣如虹。禹甸茫茫，應振舊雄風。不信英聲從此杳，誰繼絕，我曹躬。　唐詩漢賦宋詞工。鬱蔥蘢。響黃鐘。秋實春華，百態煥新容。欲覓知音何處是，窮四海，喜君同。

## 憶少年　贈內

幾回離別，幾重心思，幾番風雨。朦朧夜色　，縱多情誰敘。遠隔天涯無意緒。剩只有酒樽頻舉，孤燈影相對，盡凄涼門戶。

## 憶少年　奉和希真見懷

香江落照，香江夜雨，香江薄霧。秋風送過雁，盡裁成詩句。共詠高山流水賦。又何妨舉杯相顧。傾心論今古。教前人深妒。

## 十樣花　殘荷

往日清芬消散。池畔依然搖扇。翠葉正凋黃，狂風捲。玉容變。幾人還顧戀。

## 滿江紅　懷內

天若多情天也苦，情深久別。長夜裡、無眠輾轉，對何人說。愁緒千重思萬里，柔腸百轉心千結。欲與卿，枕上訴輕柔，風濤隔。　塵間事，誰能必。人縱健，頭應白。樽前同一醉，豈能將歇。遠隔重洋魂夢繞，明朝再賦淩雲筆。算只有、長空遣飛鴻，傳消息。

## 菩薩蠻　浸會學院畢業典禮作

莘莘學子盈堂屋。衣冠盡聚華歐服。博碩任人師。書香滿腹笥。　斑斕成七釆。術業深如海。一手執文憑。苦辛多少情。

## 漁家傲　次韻希真送余返臺之作

相識難忘推我汝。浮雲偶在江心聚。盡管萍蹤如寄旅。雖小住。流觀多少尋詩路。　莫道銷魂千萬緒。明朝又逐長風舉。已是身爲知己許。君記取。桃花潭水深情句。

## 南歌子　有懷希真

江海波濤闊，塵寰知識微。幾時寒夜叩柴扉。卻話香江載酒共清輝。　萬里人歸國，三更月照幃。高山流水有餘徽。且喜瑤琴猶在不停揮。

## 行香子　奉答希真

藻思芊眠。詞意纏綿。凝成了雲錦佳篇。心羅萬字，筆落千聯。盡香江夢，元朗月，太平巔。　故人不見，舊曲難編。只低頭猛憶當年。宋皇臺畔，大嶼山邊。共杯中酒，書中句，雨中煙。

## 行香子　將赴港先寄希真

夢裡浮身。到處留痕。又重回舊地消魂。喜隨形影，好度重昏。賞葩經句，騷經旨，酒經醇。　洋洋流水，靄靄停雲。約來時永夜開樽。共聽風雨，再話乾坤。寫心中事，詩中意，眼中人。

## 望江南　將赴港先寄希真

香江好，舊夢尚依稀。獅子山前常聚首，宋皇臺畔覓詩歸。笑語立斜暉。　長夏夜，再度叩君扉。卻對故人談往事，持撙相與辨芳菲。淸興逐雲飛。

## 靑玉案　遊春

門前弱柳隨風舞。欣萬象，逢春雨。天意暫留春小住。群芳爭豔，群情歡洽，燕子呢喃語。　人人爭看黃金縷。白玉花飛誰數。翠綠嫣紅今處處。滿園芳草，滿山啼鳥，好避囂塵去。

## 望江南　夜夢

思念久，夜夢亦纏綿。鎮日持杯相對飲，醉時攜手與同眠。溫暖滿心田。

## 望江南　賀詠琍生日

新歲月，生活待從頭。相愛相親情意好，自由自在更無憂。此外尚何求。

## 浪淘沙

余來香港信義仁弟和詩四首填詞二闋辭義雋美流暢自然至為可喜因和其浪淘沙韻相贈

身是北來鴻。去也匆匆。生徒送別雨聲中。一種情懷凝意緒，似酒還濃。　港島再相逢。細訴前蹤。登堂待問亦從容。只欠臺員諸俊彥，每聚千鍾。

## 臨江仙

得雨盦和詩卻寄

湖海元龍豪氣盡，今惟把盞欣如。浮雲野鶴看乘除。書空常咄咄，對景總呼呼。　掛木寒藤才照眼，詩情筆意芳腴。欲傾懷抱一樽虛。君留臺北老，我作逐臣居。

## 臨江仙

南昌重建滕王閣次金伯叔台韻

高閣重修江渚上，吟歌應可相延。飛簷碧瓦欲參天。長空歸雁遠，秋水暮雲妍。　幾度思量皆是夢，還鄉心願誰憐。落霞孤鶩總情牽。風波何日靜，莫負有生年。

## 浪淘沙

佩燕女弟賦浪淘沙詞送別辭采可觀喜次其韻以歸之

慧質似珠圓。逸思無邊。微雲誰個不相憐。寒水成冰冰勝水，薪火堪傳。鏤玉鑄群言。秀出清煙。休貪秋月夜吟寒。莫負春風花正好，珍惜華年。

## 踏莎行

追憶先君迎英才叔祖於基隆碼頭用金伯叔台緬懷在臺逝世二老韻

記得當年，征鞍在即。小龍坑外情危逼。遣人漏夜促登程，家君焦急憂時刻。望眼穿來，仍留鄉域。從茲一別情何測。臺員攜手話前塵，碼頭雪涕長難息。

浣溪沙　奉和燕孫教授音韻學研究會成立大會高會群英集鄂城韻

流水高山有故城。知心難遇眼常青。登樓同祝八風平。
文字相看繁與簡，聲音還辨重和輕。古今南北吐崢嶸。

浣溪沙　和年詞盼余遊京今行有日因次韻奉答

五月臺員荔子紅。今來京國碧晴空。山河依舊曜華豐。
攜手同遊情意永，開懷相對喜心童。翩翔猶似鳥辭籠。

## 桃源憶故人

恭讀珠荷詞集呈熊師母用桃花扇底東風繞韻

師門豈止心魂繞。盡道此恩難了。觀麗辭，情多少。歎息才知道。

迴環絡誦餘音裊。無限意，飛蓬島。萬縷千絲縈抱。應許呈雙老。

## 朝中措

戎庵賦朝中措索和因次其韻

神州遊罷我顏開。歸見百篇才。野鵠翻雲俊逸，風流早傍琴臺。

苔岑契合，江東渭北，無間天涯。每奏高山流水，知音喜共瓊杯。

## 漁歌子

贈師大國四畢業同學用張志和西塞山前白鷺飛韻

殷望諸君展翅飛。他年裘馬各輕肥。方帽子，錦綾衣。修成學士喜榮歸。

## 憶秦娥

次韻迎春酬林葉萌女士賢母女詩家

逢佳節。萬家燈火紛如雪。紛如雪。年年歡樂，衆人欣悅。知音無覓波瀾闊。瑤箋遠接心頭熱。心頭熱。千般言語，一絲關切。

## 蝶戀花

次韻林葉萌女士夕陽無限好

松柏歲寒同繾綣。撲鼻梅香，卻絆歌聲囀。天意憐幽芳不斷。人間何必鴻溝半。　寶鏡塵封秋鬢亂。再試新妝，舊篋翻留戀。越鳥辭巢身款款。歸飛影動心猶絆。

## 長相思

贈書偉素姿伉儷用歐陽修花似伊韻

朝想伊。暮想伊。十日光陰八日離。思量淚暗垂。
今朝東，明朝西。恩愛夫妻兩地飛。談心知幾時。

## 憶漢月

密州喜晤曾棗莊教授用歐陽修紅豔幾枝輕裊韻

長久聲名縈裊。一面因緣慳了。牽雲高手幾時親，欲計徒生煩惱。識荊眞不易，留戀意若絲纏繞。今朝相會喜盈眉。快飲何能辭老。

## 聖無憂

密州重晤朱靖華教授用歐陽修珠簾捲韻

初相識，不言愁。題詩遠寄重樓。流水高山長在，洋洋意難收。六載光陰離別，人間幾度經秋。如對一庭蘭蕙，香冉冉，韻悠悠。

## 玉樓春

昆明訓詁學九八年會用歐陽修酒美春濃花世界韻

相聚昆明開眼界。舊學新知千百態。雲蒸霞蔚滿長天，樽酒成歡非可買。共道人生雖莫奈。文化精神當永在。左圖右史坐書城，訓詁深時無不解。

## 採桑子

贈復翁老前輩用歐陽修春深雨過西湖好韻

門人咸道先生好，學術精妍。經藝勤喧。時雨春風煖欲燃。黃門弟子紛遷逝，只有神仙。尚在人間。絳帳依然奏管絃。

## 朝中措

蒼海道中贈信發兄用歐陽修平山欄檻倚晴空韻

蒼山洱海麗晴空。相伴笑談中。攜手西南道上，歸來同布春風。求知未晚，苔岑合契，自是情鍾。述學固應吾輩，傳經直到成翁。

## 訴衷情

昆明護國軍紀念碑用歐陽修清晨簾幕卷輕霜韻

雲南砲響若寒霜。洪憲卸新妝。佳人或有離恨，變粉淚引情長。成事後，自留芳。莫悲傷。千秋萬世，護國碑前，永繫人腸。

## 卜算子

昆明永曆殉難處用歐陽修極得醉中眠韻

結伴到春城，入眼驚非病。永曆殉身有舊碑，今日裡，仍淒冷。世事眞無定。舊臣全薄倖。恨煞生成帝王家，滅人國，心腸硬。

## 感庭秋　蒼洱道中戲贈坤堯用歐陽修紅牋封了還重拆韻

古城大理今仍拆，永留回憶。四時花不斷，伊人白嫩爭知端的。碧波千頃，暮雲重疊，恨難添雙翼。共鴛鴦一浴，蒼山洱海留佳色。

## 于飛樂　蒼海道中贈內用歐陽修寶奩開韻

結伴遊，密意在，夜賞清蟾。山河壯，故國情添。攬腰肢，雙蛺蝶，儷影鶼鶼。尋思當日，兩相隨，東北西南。卅年後，二女雙男。絲吐盡，身似春蠶。好黃昏歲月，應情愛相兼。天涯長記，誓相扶，永共重簾。

## 踏莎行

玉龍雪山用歐陽修雨霽風光韻

腳踏西南，陽和天氣。玉龍積雪尤明媚。水分黑白亦成雙，秋遊正好無貪睡。

索道懸空，松杉滿地。雪山耀眼雄姿麗。興濃不覺已黃昏，依依難捨山中翠。

## 阮郎歸

摩梭女用歐陽修劉郎何日是來時韻

男婚女嫁實非時。關心每到伊。朝辭暮往效雙飛。相思盼早歸。

歌聲麗，舞芳菲。妍姿著彩衣。纏綿叮囑

繫儂思。情郎叙別時。

一斛珠　東巴歌舞用歐陽修今朝祖宴韻

今宵一宴。古城歌舞東巴館。象形文字宮牆滿。古樂紛紛，繞繚餘音暖。　少年婉轉聲如篆。男歡女愛歌難斷。山中一會留佳夢，從此春宵，相去應非遠。

採桑子　長江第一灣用歐陽修群芳過後西湖好韻

西南石鼓千秋響，鐵索如虹。煙柳濛濛。第一灣前剪剪風。　群峰皚皚山頭白，銀劍排空。樹若簾櫳。彎曲清流翠嶺中。

## 漁家傲

虎跳峽用歐陽修喜鵲填河仙浪淺韻

浩蕩金沙眞不淺。綿延競走龍山畔。雪嶺明光深谷暗。濤難斂。千軍萬馬衝崖面。　氣勢雄威前未見。驚心造物功無限。虎跳峽前人眷戀。波長短。滔滔滾滾奔如箭。

## 鼓笛慢

昆明黑龍潭用歐陽修縷金裙窣輕紗韻

黑龍潭景多奇，唐梅宋柏人人愛。貞姿勁質，素妝淸麗，葉兒似黛。翠色迎寒，淩雲高聳，靑枝連帶。更有那、元代柳杉巨植，相搖曳，多姿態。　未料梅園勝景，竟還多，絕妍癡騃。明朝茶樹，居然龐物，又能長奈。花落花開，酒醒酒醉，何時重再。此番來，確沒逃虛漫走，冷香仍在。

## 梁州令

吉鑫園歌舞用歐陽修紅杏牆頭樹韻

細柳腰如樹。粉黛含香花欲吐。姑娘白嫩若凝脂，歌聲繞繚，清脆猶鶯語。摩梭美女施雲雨。欲問君歸處。離情別夢無奈，毿毿粉淚垂絲縷。彝女常相付。莫將此心輕許。今宵一舞意沈沈，以身歸他，還似情濃否。歌聲嘹喨常相誤。快活後，思量苦。西南民族多芳彩，匆匆一瞥還離去。

## 生查子

讀張以仁教授涵怡集用歐陽修含羞整翠鬟韻

以公添慧孫，樂也頻懷顧。立意寫涵怡，豈可無新語。人倫今已薄，老少難相處。敎世有君書，溉注成霖雨。

## 歸自謠

題小甜濬江晨曲和小甜韻

思瀲灧。碧樹丹巖帆點點。灘江景色新如染。才高道絜人難掩。春風面。寄來傾國無雙豔。

## 漁家傲

戊寅仲冬家鉉伉儷邀宴榮榮園座上朱炎教授引吭高歌慷慨動容因

用歐陽修一派潺湲流碧漲韻賦贈

座上諸君情緒漲。酒杯起落紅相向。氣象新開龍馬上。隨俯仰。波濤洶湧心中漾。　壯士高歌心境爽。放懷暢飲欣春釀。經耳流連成激賞。齊聲唱。一腔忠義淩雲響。

## 虞美人

次韻希真寄伯元

香城三載情縈結。清水涵明月。長洲大嶼喜從遊。韋子詩豪眞不減蘇州。　知音難得心惆悵。湜海非虛唱。無琴尚且有琴音。莫忘釀成醇酒約同斟。

# 和蘇樂府補遺

## 謁金門

校畢伯元倚聲・和蘇樂府全卷發現遺漏謁金門一闋今校畢自賦移作跋尾用東坡今夜雨韻

三春雨。滌淨熱風煩暑。好似珠還來合浦。倚聲聽曲去。　手把新醅綠醑。千載誰知臧否。四卷清詞言幾許。沈吟誰與語。